Jana Chynoradska

I Escolha

porque é a minha vida

ScienciaScripts

Imprint
Any brand names and product names mentioned in this book are subject to trademark, brand or patent protection and are trademarks or registered trademarks of their respective holders. The use of brand names, product names, common names, trade names, product descriptions etc. even without a particular marking in this work is in no way to be construed to mean that such names may be regarded as unrestricted in respect of trademark and brand protection legislation and could thus be used by anyone.

Cover image: www.ingimage.com

This book is a translation from the original published under ISBN 978-3-330-08723-1.

Publisher:
Sciencia Scripts
is a trademark of
Dodo Books Indian Ocean Ltd. and OmniScriptum S.R.L publishing group

120 High Road, East Finchley, London, N2 9ED, United Kingdom
Str. Armeneasca 28/1, office 1, Chisinau MD-2012, Republic of Moldova, Europe

ISBN: 978-620-7-27391-1

Aos meus queridos filhos Betka e Kubko

Agradecimentos

Gostaria de agradecer a todos os membros da minha família, colegas, formadores, professores, consultores e amigos pelo seu apoio e crença em mim e na minha forma de compreender o mundo exterior. Os meus agradecimentos especiais vão para Gabriela Lojova, Jim Wright, Katarina Schwarzova, Klaudia Bednarova, Daniel Bacik, Paul Davis, Vicki Plant, Zuzana Silna, Doris Suchet e Mario Baranovic, que aceitaram o meu convite e ofereceram ao leitor os seus pontos de vista e explicações sobre o que significa o conceito de "Learn&Lead".

Há algumas outras pessoas excepcionais que não só moldaram a minha vida como também trouxeram contribuições valiosas que hoje podemos dar aos nossos clientes. Gostaria de lhes agradecer aqui, são elas: Eva Parsova, Andrea Rebrova, Andrea Kacova, Jozefina Sturdikova, Svetlana Polakova, Fero Rigo, Andrea Kutna, Lucia Lackovicova, Jana Lehotova, Monika Miklankova, Claire Vepy Page e uma série de grandes professores, formadores, gestores, consultores e empresários que humanizam o ensino da língua inglesa em todo o mundo.

Além disso, os meus agradecimentos especiais vão para Livia Madaraszova, cujas percepções perspicazes e profundo interesse em mim como pessoa durante uma fase crítica do desenvolvimento de Learn&Lead enriqueceram as minhas percepções da realidade e encorajaram-me a continuar a confiar no processo que estou a liderar.

E por último, mas não menos importante, os meus agradecimentos a Roman Hirner. Ele está ao meu lado e apoia a nossa escola no seu desenvolvimento futuro como meu novo parceiro de negócios.

Por último, gostaria de agradecer ao meu amado marido pela sua paciência sem fim, pelo seu amor incondicional e pelos enormes cuidados que tem dispensado a mim e aos nossos filhos ao longo dos anos e que continua a dispensar fielmente.

Jana Chynoradska

ÍNDICE DE CONTEÚDOS

Capítulo 1   4

Capítulo 2   6

Capítulo 3   16

Capítulo 4   20

Capítulo 5   25

Capítulo 6   29

Capítulo 7   32

Capítulo 8   37

Capítulo 9   43

Capítulo 10   47

Capítulo 11   51

Capítulo 12   54

Capítulo 13   58

1. PREÂMBULO

ESCOLHO porque é a minha vida é uma coleção de depoimentos de pessoas que fizeram parte da minha vida familiar e profissional nos últimos sete anos. Durante esse período, enfrentei um sem número de obstáculos no meu desenvolvimento pessoal e profissional, que hoje está intimamente ligado ao desenvolvimento da marca *Learn&Lead*. Por vezes, encontrei-me num "inferno" que me fez recordar os "erros" que cometi no meu passado. O que negligenciei, o que preferi a outras coisas, possivelmente mais importantes. Estava numa encruzilhada da minha vida e tinha uma escolha: ou continuava a viagem já iniciada, embora extremamente árdua, cheia de "minas" e obstáculos quase intransponíveis, com uma vaga visão de vitória, ou desistia de tudo e renunciava a algo que desejava e pelo qual vivia com todo o meu ser. Quanto mais responsavelmente eu tentava viver, mais os adversários e as dificuldades pareciam ser atraídos para a minha vida. Todas as manhãs, levantava-me com a convicção de que "hoje" as coisas vão melhorar, o que me alivia e me deixa feliz com o "trabalho bem feito". Durante o dia, tentava resolver plenamente as questões que exigiam a minha presença como directora, mãe, esposa, professora de línguas, filha ou amiga. Aprendi muito sobre os motivos das outras pessoas e as suas perspectivas de vida. Tentei ferozmente comunicar o meu ponto de vista da forma mais clara possível a todos os que faziam parte da minha vida nessa altura. No entanto, as tarefas acumulavam-se, as pessoas também aumentavam em número e a minha capacidade foi gradualmente atingindo os seus limites. Não tinha tempo para responder aos e-mails, estava demasiado cansada para acompanhar todas as pessoas envolvidas e as suas diferentes orientações, não conseguia organizar a minha vida como tinha imaginado. Cada vez mais pensava na essência da vida e no meu papel nela. Encontrei alguns verdadeiros amigos, apoiantes e camaradas na minha vizinhança. Comecei a comunicar para o exterior o que estava a acontecer dentro de mim e na minha vida durante esta viagem de aventura. Comecei a escrever projectos que nos ajudariam a encontrar o caminho a seguir; aceitei o telemóvel, as redes sociais e o mundo virtual da Internet como parte da minha vida e comecei a compor gradualmente uma tapeçaria colorida de um bem precioso - a minha própria vida. Tornei Harmonia acessível a todos os que quisessem trabalhar nela e aceitei as condições de cooperação. Abri a gestão da nossa escola a líderes e gestores criativos, e hoje estou no limiar de uma nova vaga de crescimento. Acredito que ela encontrará exatamente os apoiantes pelos quais passei por este difícil "teste" juntamente com a minha equipa. Estamos aqui para nos ajudarmos mutuamente nas nossas vidas, preocuparmo-nos com os outros e sermos uma inspiração para que façam grandes coisas.

Agora sei que nada na minha vida foi um erro. Tudo o que fiz não foi em vão. Todas

4

as pessoas com quem me relacionei, direta ou indiretamente, trouxeram para a minha vida exatamente o que deviam ter trazido. Graças a elas, sou agora mais sábio, mais perspicaz, mais prudente, mais humilde e mais disciplinado. Sei quem sou, para onde vou e porquê. Hoje, em nome da Harmony, escolho o caminho *Aprender&Liderar* com toda a seriedade e responsabilidade para que, em conjunto, cumpramos a nossa missão *"liderar para aprender"*.

Jana Chynoradska, em 28 de fevereiro de 2017

2. JANA CHYNORADSKA

Jana Chynoradskd é a fundadora da HARMONY Academy, directora principal e formadora. Também trabalha como Presidente da Associação Eslovaca de Escolas de Línguas. Jana licenciou-se na Universidade Comenius, Faculdade de Educação. Tem um diploma em língua e literatura inglesas e um doutoramento em metodologia inglesa. Caracteriza-se pela sua sede incessante de conhecimento e pela crença de que em cada pessoa está adormecido o potencial para a realização de grandes coisas. O seu caminho de aprendizagem é pavimentado com grande esforço, auto-disciplina e trabalho árduo diário. Acredita que a verdadeira beleza e sabedoria podem ser obtidas não só no destino, mas durante esta viagem de aventura. A Jana dedica todo o seu esforço a esta filosofia. Por isso, ela é a autoridade natural e a força motriz por detrás de todas as inovações do Harmony. Como resultado, inicia projectos locais e internacionais destinados a desenvolver redes interculturais e internacionais no âmbito do ELT, da educação, da comunicação e da liderança. Gosta de ler, viajar e conhecer novas pessoas. Como antiga jogadora de andebol de competição, procura agora, através do ioga, um estilo de vida interior calmo, equilibrado e harmonioso.

O caminho para a liberdade é difícil. Este caminho está cheio de armadilhas e renúncias e abre-se para nós muito naturalmente em cada ano do nosso amadurecimento. Quanto mais velhos somos, mais esperamos da vida, e assim atraímos naturalmente as situações que nos põem à prova e a nossa disponibilidade para assumir novas responsabilidades.

Entre 2010 e 2017, nós, juntamente com os nossos professores e formadores, fizemos uma busca aventureira pelo conhecimento, durante a qual conseguimos ligar o irreconciliável e criar o impossível. Durante esta viagem, escrevi momentos-chave nas cartas ou mensagens que podem encontrar abaixo, juntamente com o meu breve prefácio. Faço-o na esperança de que o seu conteúdo possa ser útil a muitas pessoas que têm de enfrentar desafios semelhantes nos seus postos de trabalho. Poderão encontrar aí encorajamento ou motivação para procurar o caminho com as pessoas e

6

comunicar para o exterior os seus "mundos interiores". As suas crenças, atitudes e opiniões que afectam a configuração de toda a sociedade.

6 de agosto de 2015, Quando chega a altura certa, dá um passo em frente.

Quando apresentei o nosso primeiro projeto Learn & Lead em fevereiro de 2010, não fazia ideia de onde esta viagem me levaria. Apenas segui o meu coração e o desejo de ajudar os meus formadores a crescer. Tal como segui o meu coração em 2000. Nessa altura, era o meu desejo pessoal de auto-realização. Hoje sei que em fevereiro de 2010 começou a segunda vaga do meu desenvolvimento; a fase que foi e continua a ser conhecida como Harmonia. A Harmonia surgiu espontaneamente em setembro de 2000, após os dois primeiros anos de dificuldades no negócio. Dois anos de renúncia e esforços para despertar um serviço que era intemporal para Trnava naquela altura. Mas, para além deste esforço, fui naturalmente convidado pelo Martin a criar uma escola de línguas. Chamei-lhe Harmony e, em poucos meses, tornou-se uma escola de renome e atraiu muitos estudantes, empresas ou organizações de Trnava e arredores. Na sala de aula, eu estava sempre a trabalhar ao máximo e a partilhar a minha história empresarial com os outros sem cerimónias. Espero ter conseguido despertar o desejo de muitas pessoas que sentiram uma vocação semelhante - seguir o seu próprio caminho e dedicar-se aos negócios, seja na aprendizagem de línguas ou noutro lugar qualquer.

Atualmente, em Trnava (bem como noutras cidades eslovacas), há muitas escolas que encontraram os seus adeptos, pelo que o bolo da formação linguística privada está dividido entre vários de nós. O nosso cliente - um estudante - tem o direito de escolher a escola que mais lhe convém, quer em termos de local de residência, filosofia da escola, trabalho dos formadores ou instalações da escola, e não menos importante em termos da atitude do pessoal.

Atualmente, a Harmony está sediada em Kapitulskd 26, em Trnava, e oferece a mais elevada qualidade de aprendizagem de línguas a crianças, jovens, adultos, comunidades e empresas nos arredores próximos e distantes. Ao mesmo tempo, porém, o impacto da HARMONY estendeu-se para além das fronteiras de Trnava, mesmo para além das fronteiras da Eslováquia. O 1t ultrapassa as fronteiras do nosso país e está gradualmente a ganhar adeptos em França, Inglaterra ou República Checa, precisamente graças às actividades de projectos internacionais que, desde 2010, têm permitido a professores, formadores e gestores de escolas de línguas desenvolverem-se e crescerem sob a bandeira do Learn & Lead. A Associação Académica Eslovaca para a Cooperação Internacional (SAA1C) é o principal patrocinador deste conceito de desenvolvimento; ajuda-nos a financiar os projectos de desenvolvimento para um maior crescimento e desenvolvimento sustentável dos nossos formadores, gestores, bem como da própria organização.

Quando, em 2010, fui convidado para uma reunião constitutiva dos membros que tinham criado a Associação de Escolas de Línguas da República Eslovaca (AJS SR), tive de recusar o convite devido à situação crítica que existia no Harmony nessa altura. Nessa altura, lançámos também o projeto Learn & Lead, que visava criar uma parceria duradoura com as duas escolas - Pilgrims, de Inglaterra, e GLS, de França; o seu principal objetivo era criar três centros de inovação para a formação contínua e o desenvolvimento de professores, formadores e gestores da aprendizagem de línguas. Dois anos mais tarde, em setembro de 2012, tivemos o prazer de inaugurar cerimonialmente o Centro de Inovação Learn & Lead no 3º workshop da Europa Central para professores de inglês e também de apresentar a oferta de programas de formação contínua para professores de inglês acreditados pelo Ministério da Educação da República Eslovaca.

Este período foi a altura certa para aceitarmos o convite que recebemos dos representantes da AJS SR, pela segunda vez, para nos juntarmos à sua organização. Passámos o processo de verificação e fomos solenemente adoptados como novo membro em dezembro de 2012, juntamente com a outra escola sediada em Trnava - YOUR CHOICE, representada por Silvia Holeczyovd, que trabalhou como formadora do Harmony em 2000. Coincidência ou intenção? Pessoalmente, gosto desta parceria antiga-novamente formada porque sublinha a essência da nossa ligação original: proporcionar uma formação linguística excecional e original.

Desde o início, a nossa adesão à AJS SR tinha um objetivo claro - criar um ambiente para a formação contínua de professores e formadores na aprendizagem de línguas. Participava regularmente nas reuniões dos representantes de todas as escolas de línguas, onde vivia o ambiente, ouvia os argumentos, apresentava as minhas opiniões e, além disso, procurava um caminho de desenvolvimento para o Harmony e para a AJS SR.

Desde a nossa adesão à AJS SR até ao presente, a Harmony tem "vivido a sua vida" ao máximo, como qualquer outra escola de línguas membro da AJS SR. Para além do funcionamento da escola de línguas, conseguimos obter um subsídio para continuar a implementar o conceito de desenvolvimento do Learn & Lead, nomeadamente duas vezes. De agosto de 2013 a julho de 2015, desenvolvemos um programa internacional inovador para pais intitulado "Parent as a Leader" e através do projeto "Be lifelong learning (BeLLL)", que durou de julho de 2014 a junho de 2016, finalizámos um percurso de desenvolvimento de um formador Learn & Lead.

Em setembro de 2014, optei por dar um passo que era importante para o Harmony, para a AJS SR e também para mim. Decidi começar a reunir profissionais para o nosso objetivo comum - melhorar a qualidade da aprendizagem de línguas e criar um sistema de crescimento e desenvolvimento sustentável e a longo prazo das escolas de línguas. Apresentei aos parceiros da AJS SR a ideia de criar um projeto para a formação contínua de formadores e outro pessoal no domínio da aprendizagem de línguas, a fim de **estabelecer um sistema funcional, sustentável e eficiente de formação contínua de professores de línguas estrangeiras,** *de modo a aumentar a sua competitividade e a qualidade da aprendizagem de línguas na Eslováquia. Tudo isto em ligação com a minha experiência pessoal, competências e conhecimentos adquiridos principalmente a partir das "lições aprendidas" na minha vida pessoal e profissional. A ideia do projeto atraiu imediatamente a atenção dos parceiros e, assim, conseguimos formar uma pequena equipa, constituída por representantes das três escolas de línguas associadas à AJS SR - Daniel Bacik da PLUS ACADEMIA, Silvia Holeczyovd da YOUR CHOICE e eu, representante da HARMONY ACADEMY. A nossa cooperação acelerou entre janeiro e março de 2015 e conseguimos obter cinco parceiros estrangeiros (Itália, França, Inglaterra, Letónia, Malta) com os quais, no final de março de 2015, apresentámos o nosso primeiro projeto internacional em nome da AJS SR através da KA202 - Parcerias Estratégicas para o Ensino e Formação Profissional no âmbito do programa da UE ERASMUSplus e SAAIC.*

Hoje posso dizer com orgulho que este projeto foi **totalmente apoiado** *pelo SAAIC e, assim, para todos os envolvidos, começou uma nova etapa do seu/nosso percurso. Hoje em dia, todos nós na AJS SR estamos a desfrutar do sucesso do nosso primeiro projeto internacional "Learning, Training and Working for Better Perspectives and Employability" (Aprender, Formar e Trabalhar para Melhores Perspectivas e Empregabilidade), que é uma continuação natural das inovações já iniciadas na aprendizagem de línguas, iniciadas e coordenadas pela HARMONY sob a bandeira do Learn & Lead desde 2010; ao mesmo tempo, interliga outros projectos da UE implementados na aprendizagem de línguas na Eslováquia e no estrangeiro.*

Pessoalmente, estou feliz por ter conseguido ganhar a confiança dos meus colegas da AJS SR para o início e desenvolvimento deste projeto destinado a criar programas de formação para formadores e alunos finais - empregados de duas indústrias, nomeadamente a indústria automóvel e o desenvolvimento do turismo - e a criar um percurso de desenvolvimento de um formador na aprendizagem profissional de línguas (PROLANT-CAP). Este percurso tem como objetivo a criação de uma estratégia a longo prazo para o desenvolvimento e crescimento sustentável das escolas de línguas associadas à AJS SR.

Quando chega o momento certo, damos um passo em frente. Começa o seu próprio caminho de desenvolvimento e dá gradualmente os passos que inevitavelmente o esperam nesta viagem. Conheces pessoas, comunicas, fazes negócios, deparas-te com as consequências da tua (des)responsabilidade, desfrutas dos resultados do teu trabalho, observas as pessoas à tua volta e ouves as suas reacções às tuas próprias decisões, que nem sempre são favoráveis e satisfatórias. Mas sabe que está a seguir o seu próprio caminho. O caminho que dá sentido à sua vida pessoal. Uma espécie de guia interior dentro de si, essa voz interior que muitas vezes tentamos silenciar, informa-o sobre qual deve ser o próximo passo no seu caminho e com quem. É preciso ter vontade, tempo e coragem para a poder ouvir. A coragem de ouvir a voz dentro de si que revela a natureza da sua própria existência. Porque ela está escondida em cada um de nós e reside nas "profundezas do nosso mundo interior" que é belo, perfeito e valioso. A interconexão entre esta voz interior e a sua razão, que é lógica, estruturada e racional, dá-lhe uma certeza irrepetível sobre as suas próprias decisões.

Aqui, neste momento, gostaria de agradecer por todos os debates inspiradores, conversas, reuniões, workshops, livros, bem como retiros pelos quais tive de passar para descobrir o meu mundo interior e encontrar a coragem de o partilhar com os outros. É um mundo de paz, compreensão, harmonia e alegria da simplicidade da vida que resulta do facto de vivermos cada dia ao máximo, com gratidão, humildade e coragem para continuarmos a viver a nossa própria vida de acordo com os nossos desejos. Cada um de nós tem o direito de ser original, único e, portanto, inevitavelmente diferente. Nascemos como tal, por isso temos a possibilidade de o ser.

E qual é a minha mensagem para todos aqueles que decidiram agora mesmo promover esta ideia nas suas próprias empresas, escolas ou outras organizações? Atirem-se a ela hoje mesmo, vale a pena!

14 de fevereiro de 2016, Professores, É possível! A alegria é o meu/nosso objetivo.

Uma mensagem pública dirigida a todos os professores e formadores, que escrevi durante a noite de 13 para 14 de fevereiro de 2016. Na altura em que a realidade que enfrentávamos em Harmonia era cada vez mais difícil, pesada e, por vezes, até cética para muitos formadores "seniores", escrevi um apelo aberto que ganhou importância um ano mais tarde e continua a ter um valor informativo significativo. Fi-lo graças à minha vontade forte e à minha decisão livre de encontrar na realidade todas as coisas boas e úteis. É provavelmente natural que, aquando do nascimento de uma nova vida, o "organismo" em que esta nova vida está a nascer se defenda. Cada célula do organismo executa a sua tarefa com a melhor das intenções. Foi exatamente nessa altura que me ocorreu e comecei a falar do modelo funcional de gestão de uma escola de línguas Learn & Lead. De facto, este nome descreve melhor o que Learn & Lead significa hoje.

Penso que nenhum de nós duvida que estamos hoje a assistir ao nascimento de um novo sistema educativo. De todos os lados, somos diariamente confrontados com o que aconteceu e onde, o que foi feito e por quem, o que nos vai afetar, etc. Estamos a receber muitas opiniões, manifestações de poder, intimidações ou convites para construir parcerias de qualquer tipo. Somos nós que agimos e influenciamos como será a nossa vida nos próximos dias, semanas ou anos, através das nossas atitudes e escolhas. Cada um de nós, consciente ou inconscientemente, escolhe a forma de pensar, de olhar para o mundo que nos rodeia; ao vermos as coisas da nossa própria perspetiva, aceitamos os sinais do mundo exterior que constituem a base para as nossas acções subsequentes. Ou passividade?

Participamos num raro nascimento de um novo modelo de educação e, assim, podemos escolher entre dois caminhos possíveis. Podemos ser "vítimas/meros fantoches nas mãos de alguém", alguém que toma decisões sobre nós apesar da nossa idade adulta, ou vice-versa, podemos tornar-nos os criadores das nossas vidas e percorrer os nossos próprios caminhos.

Temos todo o direito de exprimir as nossas próprias ideias sobre o mundo e sobre como devem ser os deveres profissionais e o reconhecimento de um professor no século XXI. Temos todo o direito de decidir onde, quando e com quem esta ideia começa a transformar-se no presente.

Temos também a obrigação de aprender e educar para as necessidades da introdução bem sucedida de novas políticas, procedimentos e possibilidades na realidade da vida escolar, de modo a converter o ambiente escolar numa forma de acordo com as nossas ideias. Somos obrigados a continuar a nossa busca e a perseverar, mesmo quando parece que todos os esforços foram uma mera ilusão e, mais cedo ou mais tarde, caem no esquecimento. Temos de aceitar o conhecimento e a liderança de pessoas que compreendem "o mundo dos números" e que, sem dúvida, nos pertencem. As escolas do século XXI precisam de professores e economistas. As escolas precisam de manter um grau suficiente de liberdade para o seu trabalho original e precisam de um fornecimento suficiente de dinheiro para assegurar o seu funcionamento e desenvolvimento futuro. As escolas precisam de uma gestão em que professores e economistas se entendam e encontrem em conjunto soluções para o cumprimento das suas missões.

Quando os seus pontos de vista coincidem, há boas hipóteses de sucesso. Se os seus pontos de vista coincidirem e as responsabilidades e poderes de cada cargo forem claramente definidos e associados a um desempenho mensurável da escola, as hipóteses de sucesso são muito boas.

No entanto, quando não só os seus pontos de vista se encontram e as responsabilidades e poderes dos cargos individuais estão claramente definidos e ligados a um desempenho mensurável da escola, mas também começa a prevalecer um clima de confiança, um sentimento de pertença e um desejo de criar em prol de um objetivo comum, há uma possibilidade garantida de sucesso.

A nossa fé e a nossa crença na necessidade deste nascimento é algo que nos manteve e manterá sempre à tona, queridos professores. Temos de manter essa fé, essa luz dentro de nós em todos os momentos. É essencial para o sucesso do novo modelo de educação de que o mundo atual tanto precisa.

Desde 19931 que tenho estado envolvida na aprendizagem de línguas na Eslováquia e, em 20101, apresentei os meus conhecimentos a nível da UE. Desde a minha primeira aula de inglês, que leccionei na escola primária Spartakovskd, em Trnava, como professora de inglês não qualificada, passando por um número incontável de discussões, planos de projectos e entrevistas, doces vitórias e dolorosas quedas, até às principais negociações com parceiros estratégicos deste novo modelo de educação, aprendi que

1. **Encontrar os alunos/estudantes que procuram oportunidades de auto-realização é fácil,** *quer sejam crianças, adolescentes, adultos ou idosos. Cada um deles anseia por ser ouvido e por um ambiente onde a sua opinião conta. O desejo de auto-realização das pessoas é tão forte como a sede de água. A auto-realização é a nossa parte, e quanto mais falarmos das possibilidades da sua aplicação, mais as pessoas quererão ligar-se interiormente a ela. Quanto mais as pessoas tiverem a oportunidade de acreditar em si próprias e de serem apoiadas para desenvolverem os seus talentos com vista a garantir uma vida digna, mais pessoas se tornarão co-criadoras do mundo trazido por este novo modelo de educação. Quanto mais alunos/estudantes tiverem a oportunidade de frequentar escolas que apoiem este modelo de educação, mais alegria experimentarão e mais esperança teremos de que o mundo será constituído por pessoas mais livres, preparadas para criar e sentir prazer no desempenho das suas funções.*

2. **Encontrar pessoas dispostas a assumir os riscos associados à criação de um**

novo modelo de educação é difícil, mas possível. Os próprios professores são as pessoas-chave que representam este modelo e devem ser os primeiros a experimentar o nascimento deste novo modelo através de si próprios. Através da sua própria experiência e da auto-realização que lhes é permitida, adquirirão as qualificações necessárias para desempenharem as suas funções de acordo com as necessidades das pessoas e do mundo no século XXI. Uma viagem de aventura cheia de armadilhas, segredos e desafios aguarda os professores de hoje. Uma viagem em que terão de reavaliar os seus pontos de vista, atitudes ou interpretações dos acontecimentos que os rodeiam. Estão a enfrentar o futuro que eles próprios estão a co-criar. No mundo Learn & Lead, eles têm a oportunidade de se tornarem aqueles que sempre quiseram ser.

3. *encontrar pessoas que estejam dispostas a reforçar os seus poderes e a "promulgar" normas para a aplicação do novo modelo é difícil, mas possível. Refiro-me a um grupo de proprietários/directores e gestores de escolas. Tive a sorte de encontrar parceiros para promover este modelo de educação entre os representantes das escolas de línguas que são membros da Associação de Escolas de Línguas da República Eslovaca e em nome dos quais estamos atualmente a implementar o nosso primeiro projeto internacional para promover a aplicação deste modelo de educação para além das fronteiras do nosso país; graças ao seu apoio, os primeiros programas Learn & Lead para professores, formadores e gestores na aprendizagem de línguas serão lançados em julho deste ano.*

4. *Encontrar pessoas que estejam dispostas a investir dinheiro no nascimento do novo modelo de educação é difícil, mas possível. Há pessoas que sabem o valor do dinheiro e estão conscientes de que tudo o que é prometedor deve ser apoiado. Estou grato a todos aqueles que deixaram o seu coração falar mais alto e se juntaram a nós.*

Professores, podem seguir a voz do vosso coração e criar para terem prazer em trabalhar. Podem ultrapassar as barreiras imaginárias e entrar no mundo do possível. Podem decidir ficar neste mundo e criar. Pode viver e sobreviver neste mundo. Pode viver neste mundo e testemunhar os limites do possível juntamente com os outros. Só têm de decidir, perseverar e aprender. Aprender durante toda a vossa vida e ultrapassar os limites do possível.

Nisto, encontrei o sentido da minha vida e estou pronto para continuar a espalhar esta mensagem em prol de uma educação mais digna e mais valiosa na Eslováquia e no estrangeiro. Estou ansioso por experimentar o futuro, porque sei que a alegria é o meu objetivo. A alegria pura, bela e única de encontrar o sentido da minha vida!

7 de janeiro de 2016, Discurso proferido perante os Formadores em Harmonia

No início de um novo ano, pensamos sempre no que este novo ano nos trará, no que podemos esperar e ansiar por ele. Em janeiro de 2016, eu sabia que estávamos perante o último período crucial que iria decidir o destino da nossa empresa e da nossa família, que tinha sido direta ou indiretamente exposta a grandes renúncias enquanto procurava um novo caminho para Harmony. Com a força da minha vontade, concentrei-me em cada dia e continuei a encontrar com determinação os elementos de uma nova vida nascente. Assim, consegui escrever uma carta para os meus formadores e enviá-la como parte do meu discurso de Ano Novo.

Caros amigos,

Permitam-me que comece por nos desejar boa saúde, felicidade, alegria, satisfação, coesão e amor no novo ano de 2016.

Estamos a enfrentar o último trecho da nossa viagem de descoberta do Learn & Lead, que nos servirá de âncora para os anos seguintes.

Tal como a natureza continua a manifestar os sinais de paz e de "ociosidade exterior", típicos desta estação invernal, também nós podemos perceber o que se passa na nossa empresa. Por detrás da "cortina", estamos a trabalhar ativamente para concluir a nossa missão de seis anos, conhecida como Learn & Lead. Todos os passos necessários para a aterragem bem sucedida na nossa tão desejada ilha estão a interligar-se nestes dias, formando assim a energia tão necessária para a nossa peregrinação comum. Com a chegada da primavera, podemos esperar um despertar gradual e, com os nossos próprios olhos, veremos a "terra" que representa um futuro lar para todos nós que aderimos aos valores fundamentais da Harmonia.

Tal como não duvidamos que ao inverno se segue a primavera, trazendo-nos novas vidas e as sementes de novos frutos, também não duvidemos destas palavras. Pelo contrário, sintam a sua mensagem numa meditação silenciosa e deixem-na amadurecer em vós próprios. Assim, ajudareis a acelerar a transição para o ponto de rutura que todos nós tanto desejamos. Como professores e formadores de línguas estrangeiras, somos os portadores do significado de uma palavra e do seu poder no mundo atual. A aprendizagem de línguas, como qualquer outro sector, passa por uma evolução que está presente em nós próprios. Somos seres que pensam, sentem e criam. Associar palavras a pensamentos e sentimentos gerados por esses pensamentos tem um poder inquestionável. É o primeiro passo para concretizar esse pensamento, essa ideia que depois, no momento certo, se traduz no mundo material em que vivemos.

A primavera também nos trará uma nova vida e a esperança de um mundo melhor na nossa ilha - a ilha que hoje atrai a atenção de várias pessoas nos nossos arredores. A ilha cuja descoberta permite iniciar um novo caminho de desenvolvimento de uma personalidade - um professor de línguas estrangeiras que contribui para construir uma nova e mais valiosa aprendizagem de línguas estrangeiras com a sua originalidade e singularidade.

Para concluir, permitam-me que deseje a todos nós muita compreensão mútua, deliberação e coragem nos próximos dias e semanas. Que o amor pela vida e pelo homem como ser humano único nos ajude a encontrar alegria em cada um dos passos do nosso caminho comum em direção à realização da harmonia em Harmony©.

Muito prazer, Jana

3. JIM WRIGHT

Atualmente, Jim Wright é o diretor da prestigiada escola PILGRIMS, situada na bela cidade de Canterbury, no sudeste de Inglaterra. Dedicou toda a sua vida ao desenvolvimento das relações interpessoais no domínio da aprendizagem de línguas. Graças ao seu entusiasmo incansável, há professores que trabalham em todo o mundo e humanizam o ensino de línguas estrangeiras através da sua participação em programas de metodologia, língua e desenvolvimento organizados por esta escola.

Quando o conheci em junho de 2007, não sabia que o nosso encontro seria para mim um daqueles encontros "fatais". Hoje sei que Jim Wright estava destinado a mim.

Para mim, o Jim é uma fonte inesgotável de inspiração, apoio, coragem e perseverança. Quando o convidei a contribuir para o meu segundo livro, sentiu-se honrado e aceitou de bom grado a sua participação no mesmo. E, para além disso, fez um pouco mais. Deu-me a sua opinião sobre o título originalmente proposto para o livro "I MUST because It's My Life". Permitam-me que cite na íntegra as suas próprias palavras em relação a este assunto: *"No entanto, tenho uma ideia para si e é uma questão de linguagem e de significado. I CAN - é bom, pois em inglês significa a tua escolha, és responsável pela tua vida. I MUST - em inglês tem o significado de "estou a fazer algo para estar em conformidade com a ideia ou as regras de algo ou de alguém", ou seja, algo ou alguém é responsável pela sua vida. Vale a pena pensar nisso...! Talvez queira considerar - ESCOLHO porque é a minha vida, o que sugere que é você que controla e não outra pessoa e que está a escolher o que precisa de fazer na sua vida - uma mensagem mais forte, penso eu. De qualquer modo, digam-me o que e como precisam que eu contribua, terei todo o prazer."*

Ele ofereceu-me a sua visão de uma viagem pela vida de um adulto e deixou-me escolher. Quando pensei no que ele me tinha oferecido através da sua perspetiva, não precisei de hesitar durante muito tempo e aceitei a sua orientação. Senti uma mudança dentro de mim, na minha própria perceção; apesar do facto de eu TER de fazer porque a vida é minha, em qualquer situação tenho o direito de decidir se e como fazer o que considero necessário nesse momento. Estou feliz pelo facto de Jim Wright ser meu amigo e orgulhoso da nossa amizade extraordinária que já dura há 10 anos e que é a base da nossa parceria comercial de sucesso. Há 10 anos, aceitei a sua oferta de cooperação e hoje sei que ainda temos um longo caminho de desenvolvimento pela frente.

Qual é a sua relação com Jana Chynoradska e com a Harmony Academy? Como é que a descreveria?

É, sem dúvida, uma das relações mais especiais e preciosas da minha vida, tanto a nível profissional como pessoal. Acho que a maneira mais fácil de a descrever consiste nas palavras amor e respeito verdadeiros. Amo a Jana e a Harmony como se fosse uma irmã. Sinto-me muito protetor em relação à Jana e à Harmony. Para mim, tem sido um grande prazer ver a Jana e a Harmony crescerem e fazer parte disso. Também tenho um profundo respeito pela Jaro e por toda a sua fiel equipa pelo apoio que lhe dão. No meu coração, somos uma família, tanto o Jim como a Jana, os Pilgrims e a Harmony Academy.

Este livro intitula-se "EU ESCOLHO porque é a minha vida". Que escolha foi a mais difícil na tua vida até agora? Porquê?

Posso dizer honestamente que nunca tenho de fazer escolhas difíceis. É que, quando escolhemos, sabemos qual o caminho que queremos seguir porque estamos a seguir o nosso coração. As escolhas difíceis só surgem quando nos esquecemos que PODEMOS escolher!

O livro é uma sequela de "I CAN because It's My Life", que se dirigia a professores e formadores, centrando-se na liberdade que têm nas salas de aula. Como é que esta mensagem se repercutiu na sua vida profissional?

Sempre fui uma pessoa positiva e nunca deixei de me surpreender com a forma como as pessoas activas na educação e nos negócios se concentram nas razões pelas quais não conseguem fazer as coisas. O meu mantra na vida e na Pilgrims sempre foi "Tudo é possível" e tudo é possível quando se escolhe dizer EU POSSO! Os professores e os chefes tendem a concentrar-se no que está errado e precisa de ser corrigido; penso que é mais poderoso olhar para o que não está a funcionar e como fazê-lo funcionar, quer esteja certo ou não. Os professores e os chefes precisam de se libertar da vontade de ter sempre razão! É por isso que a escolha de EU POSSO ressoa em mim!

"EU ESCOLHO porque é a minha vida" dá um sinal claro a toda a gente de que é ELE/ELA que toma uma decisão sobre a sua vida. Encoraja uma pessoa a

tomar consciência do seu próprio poder e convida-a a tomar uma decisão para uma vida melhor e mais valiosa. Que mensagem enviaria aos leitores neste contexto?

Isso é muito fácil. Todos nós temos a capacidade e o direito de escolher como nos sentimos! Muitas vezes esquecemo-nos disso e pensamos que as coisas que nos acontecem não são da nossa escolha, logo perdemos o controlo. Mas podemos ESCOLHER a forma como nos sentimos em relação a elas. Eis um exemplo - quando me foi diagnosticada uma doença renal - é claro que não teria escolhido que isso acontecesse - por isso, é fácil dizer que não tenho escolha e que não tenho controlo; no entanto, posso escolher sentir-me bem e continuar com a minha vida, apesar do que está a acontecer fisicamente. Sou eu que escolho como me sinto, não a minha doença! Por isso, controlo totalmente a forma como me sinto em relação à minha vida; digo sempre que se não ESCOLHE como quer viver, então algo menos simpático para si irá escolhê-lo!

Na sua versão simplificada, *Learn&Lead* poderia ser designado como aprendizagem e desenvolvimento ao longo da vida. Que papel desempenha a aprendizagem ao longo da vida na sua vida?

Aprendizagem ao longo da vida - para mim - no dia em que deixar de aprender ou começar a pensar que não preciso de aprender mais, é o dia em que deixo de viver. A vida é aprendizagem e a aprendizagem é a chave para uma vida longa - aprendizagem ao longo da vida!

O que é que teve de passar até perceber que tem a sua vida nas suas próprias mãos? Que fracassos ou vitórias foram os mais decisivos na sua vida?

No dia 6 de janeiro de 2013, quando estava no hospital, os médicos deram-me poucas hipóteses de sobreviver e disseram que seria difícil voltar a andar corretamente ou ter uma vida normal. Todas as noites, quando toda a gente estava a dormir, eu forçava-me a andar apenas alguns passos dolorosos. Todas as noites, mais um passo; prometi a mim próprio que iria caminhar até à porta do hospital em 3 semanas (eram apenas cerca de 10 metros). Consegui; algumas semanas mais tarde, consegui subir as escadas para poder agradecer ao enfermeiro que tinha dado o seu fim de semana para me salvar a vida. Apercebi-me que a única pessoa que me ia fazer viver e voltar a andar era eu. Os médicos chamam-me o "homem milagre" - mas eu sei que a única resposta foi escolher "não desistir"! Só tu podes escolher como te sentes, ninguém ou nada te pode tirar isso. Quando nos apercebemos disto, somos livres de viver a vida fantástica que merecemos! Agora não tenho medo da morte, da doença ou de qualquer outra coisa na vida - porque é isso que eu escolho!

Quem está ao seu lado quando tem de fazer uma escolha? Porque é que essa pessoa é importante na sua vida?

Tantas pessoas; a Lizzie, a minha mulher, é uma fonte constante de apoio, ajuda-me a sentir-me seguro e protegido nas minhas decisões; é a minha fonte de força e a razão pela qual sinto que posso dar tanto amor às outras pessoas - porque ela faz-me sentir muito amado! Na Pilgrims, Kevin Batchelor é alguém com quem posso criar e discutir ideias todos os dias; ele tem uma atitude fantástica de "tudo é possível", que é o que nos ajuda a manter a Pilgrims fresca e inspiradora. Os meus bons amigos Richard Wilkins e Liz Ivory - o seu curso de Consciência de Banda Larga ajudou-me a perceber como é fácil e essencial escolher como me quero sentir e não dar ouvidos àquela voz negativa na minha cabeça, porque é apenas uma opinião sobre mim - não quem eu sou. Utilizo o que eles me ensinaram todos os dias. O meu pai - falo com ele todos os dias - apesar de já não estar vivo - continua a ser o meu super-herói e a minha inspiração na vida. Considero-me um homem de sorte, rodeado de pessoas que me inspiram a cada minuto de cada dia. Não são apenas pessoas - são os meus heróis!

Tem o seu ritual, sinal/indicação ou outros ajudantes que o orientam no seu processo de escolha?

É fácil. Para cada decisão na minha vida ou no meu trabalho, pergunto a mim próprio "Como me quero sentir?".

Foi convidado para este livro como uma das pessoas-chave que ajudou a construir o novo conceito de formação de adultos *Learn&Lead*. Como descreveria o caminho de aprendizagem que teve de percorrer durante o desenvolvimento deste conceito?

Aprender a ouvir mais - nunca ninguém aprendeu nada a falar!

O que é que Learn&Lead significa para si atualmente?

Oportunidade, possibilidade, mudança, crescimento, ajudar as pessoas a sentirem-se bem consigo próprias, esperança.

O que desejaria à Learn&Lead para o futuro?

Continuar a liderar para aprender e nunca deixar de aprender para liderar.

4. GABRIELA LOJOVA

Doc. Gabriela Lojova, doutorada, trabalha na Faculdade de Educação da Universidade Comenius em Bratislava, no Departamento de Língua e Literatura Inglesa; é também consultora especial para o desenvolvimento metodológico de professores e formadores de língua inglesa na HARMONY ACADEMY desde a sua fundação em 2000. Nas suas actividades de ensino, científicas e de investigação, dedica-se à psicologia da aprendizagem e do ensino de línguas estrangeiras e à psicolinguística aplicada. Tem uma vasta experiência na formação inicial e contínua de professores de inglês. Graças à bolsa Fulbright, trabalhou na Montclair State University, em Nova Jersey, onde leccionou o curso de didática do inglês. As suas monografias mais significativas são as seguintes: *Ensino de Gramática de Língua Estrangeira: Teoria e Prática, Diferenças Individuais na Aprendizagem de Línguas Estrangeiras I, Estilos e Estratégias de Aprendizagem no Ensino de Línguas Estrangeiras* (Lojova, Vlckova) e *Fundamentos Teóricos do Ensino de Inglês no Ensino Básico* (Lojova, Strakova).

A sua imensa experiência, os trabalhos publicados, a autoria de inovações inspiradoras no ensino da língua inglesa, a participação em muitas conferências internacionais, bem como o respeito e o reconhecimento que ganhou nos círculos profissionais na Eslováquia e na Europa, provam a dimensão do seu espírito. A honestidade e a vontade constante de ajudar reflectem a sua humanidade e o seu amor pela vida. Para além disso, a sua coragem é uma prova do seu espírito de luta, com o qual é capaz de defender o que está certo, independentemente das consequências que essa luta possa trazer.

A Gabi tem sido a minha preciosa conselheira, inspiração e âncora desde que fundei a minha primeira escola em 2000. Ela sabe o que faz e *porque* faz na formação de professores e formadores de línguas estrangeiras, e eu continuo a aprender com ela como aprofundar os meus conhecimentos intimamente ligados aos professores, formadores e à escola como tal. Em 2000, lançámos em conjunto a *onda* Harmony; hoje, estamos a lançar em conjunto a sua continuação - a onda Learn&Lead.

Qual é a sua relação com Jana Chynoradska e com a Harmony Academy? Como é que a descreveria?

Vejo a Janka como a minha "criança pedagógica" que cresceu e, como qualquer criança bem conduzida, ultrapassou-me em muitos aspectos. Foi minha aluna na Faculdade de Educação e, aparentemente, consegui "contagiá-la" com ideias em que acredito profundamente e que tento difundir ao máximo. Ela pegou no bastão e não só difunde as ideias e aprofunda os seus significados, como também procura continuamente outras oportunidades para ajudar os professores a desenvolverem-se pessoal e profissionalmente. Vejo a Harmony Academy como a nossa "escola experimental" onde podemos verificar, concretizar e aprofundar os princípios desta abordagem dirigida aos alunos. O trabalho pedagógico realizado aqui confirma constantemente que estamos no caminho certo.

Este livro intitula-se "EU ESCOLHO porque é a minha vida". Que escolha foi a mais difícil na tua vida até agora? Porquê?

Até agora, tive muita sorte na minha vida e não me deparei com nenhuma escolha difícil que tivesse influenciado significativamente a minha vida. As etapas mais importantes da minha vida ocorreram de forma mais ou menos natural e as decisões tomadas resultaram com relativa facilidade das circunstâncias dadas. Mas, profissionalmente, enfrentei uma escolha importante pouco depois da Revolução de Veludo: ficar no mundo pedagógico que me é próximo ou usar o meu inglês de outra forma e trabalhar num mundo financeiramente mais atrativo, o da tradução/interpretação, que me daria muitas oportunidades ilimitadas. Nunca me arrependi da minha decisão.

O livro é uma sequela de "I CAN because It's My Life", que se dirigia a professores e formadores, centrando-se na liberdade que têm nas salas de aula. Como é que esta mensagem se repercutiu na sua vida profissional?

Interiorizei estes pensamentos durante muito tempo; tento difundi-los o mais possível entre os professores e futuros professores com quem trabalho. Posso descrever resumidamente as minhas convicções da seguinte forma:

- opte por aquilo em que acredita plenamente - só assim poderá persuadir ("contagiar") os outros;

- sejam quais forem as condições, os nossos alunos são importantes e vale a pena ultrapassá-los, mesmo nas situações mais difíceis. Os alunos recarregam as nossas baterias e dão-nos força para seguir o nosso caminho, quando vemos até onde os guiámos, como progrediram... Os seus interesses, os seus rostos brilhantes, a paixão com que trabalham, a sua crescente confiança e auto-confiança, estes factores continuam a empurrar o professor para a frente;
- independentemente dos regulamentos e das condições, quando fechamos uma porta atrás de nós numa sala de aula, comportamo-nos como consideramos adequado, de acordo com as nossas próprias convicções e com aquilo em que acreditamos. E é por isso que é importante afetar as crenças dos professores, a sua forma de pensar, as suas opiniões e atitudes.
- Tudo o que conseguimos nas aulas depende, no final, da psique do aluno. Por conseguinte, a principal tarefa do professor é saber o que se passa na psique dos seus alunos, detetar os seus pontos fortes e desenvolvê-los.

"EU ESCOLHO porque é a minha vida" dá um sinal claro a toda a gente de que é ELE/ELA que toma decisões sobre a sua vida. Encoraja a pessoa a tomar consciência do seu próprio poder e convida-a a tomar uma decisão para uma vida melhor e mais valiosa. Que mensagem enviaria aos leitores neste contexto?

"Sê tu mesmo!" "Vive e deixa viver!"

Só assim poderá ter uma vida plena e ser feliz. Tente conhecer-se o melhor possível e aceite-se com os seus pontos fortes e fracos. Só assim poderá respeitar e tolerar plenamente todos os que o rodeiam. Cada um de nós é um ser único e perfeito com um potencial espantoso; só precisamos de o descobrir, desenvolver e realizar. E, posteriormente, descobri-lo nos outros.

Na sua versão simplificada, *Learn&Lead* poderia ser designado como aprendizagem e desenvolvimento ao longo da vida. Que papel desempenha a aprendizagem ao longo da vida na sua vida?

Tal como a maioria de nós, e não os mais jovens, tive de me libertar do fardo que nos foi imposto pelo sistema educativo tradicional das nossas escolas. Durante muitos anos, fomos obrigados apenas a ouvir e a obedecer passivamente. Foi-nos apresentada a única forma correcta, uma verdade, opiniões e atitudes unificadas, e fomos obrigados a reprimir-nos a nós próprios, as nossas capacidades, a nossa singularidade. Demorei bastante tempo a perceber que não preciso de "ir com a corrente" e que posso ser eu próprio, mesmo que muitas vezes não seja fácil. Seja o que for que se faça, haverá sempre alguém que não gostará do que se está a fazer. Não se pode satisfazer toda a gente ou, por outras palavras, "não se pode agradar a toda a gente". A vida ensinou-me que não posso mudar o mundo inteiro. Só posso mudar as coisas na minha "caixa de areia". É importante estimar o tamanho da nossa "caixa de areia" e saber que o que estamos a fazer cai em terreno fértil e múltiplo para não desperdiçarmos a nossa força e energia. Neste contexto, foi para mim a maior vitória quando me apercebi da profunda verdade escondida na oração de São Francisco de Assis (alegadamente): *"Deus, dai-me a graça de aceitar com serenidade as coisas que não podem ser mudadas, a Coragem para mudar as coisas que devem ser mudadas e a Sabedoria para distinguir umas das outras. "*

O que é que teve de passar até perceber que tem a sua vida nas suas próprias mãos? Que fracassos ou vitórias foram os mais decisivos na sua vida?

Tive de lidar com problemas colossais. Não havia outra opção para mim como professor universitário e investigador; resolver problemas é um pré-requisito para um trabalho bem sucedido. Um homem tem de estar permanentemente atento ao que se passa em casa e no mundo que nos rodeia e estar a par das publicações especializadas. Mas a essência reside numa verdade simples que uma pessoa aprende durante toda a sua vida. Gosto dos momentos em que posso ver a verdade destas palavras aparentemente banais. Apesar de ser um educador ao longo da vida, os alunos surpreendem-me diariamente com algo novo; não me deixam ficar abafado ou estagnado. Obrigam-me a "estar atualizado", permitem-me conhecer e compreender o seu mundo e mantêm-me a par das mudanças que a vida de hoje traz para além dos meus próprios horizontes. Sem esta aprendizagem e educação consciente e subconsciente, não é possível trabalhar com as pessoas de forma eficaz.

Quem está ao seu lado quando tem de fazer uma escolha? Porque é que essa pessoa é importante na sua vida?

Sem dúvida, o meu marido. Discuto todas as minhas decisões com ele e, seja qual for o resultado, ele está sempre do meu lado e apoia-me. Bem, as minhas filhas já crescidas também me encorajam. Elas trazem para as nossas discussões outros aspectos que podem estar distantes de mim. Tenho consciência de que, em qualquer altura da minha tomada de decisão, as suas opiniões são cada vez mais importantes para mim. Em muitos aspectos, elas já me ultrapassaram.

Tem o seu ritual, sinal/indicação ou outros ajudantes que o orientam no seu processo de escolha?

Não. Não tenho quaisquer rituais ou sinais. Tento evitar decisões impulsivas e emocionais; tento pensar bem, discutir e depois decidir. No entanto, quando tomo decisões razoáveis e lógicas, a intuição também desempenha o seu papel.

Foi convidado para este livro como uma das pessoas-chave que ajudou a construir o novo conceito de formação de adultos *Learn&Lead*. Como descreveria o caminho de aprendizagem que teve de percorrer durante o desenvolvimento deste conceito?

No meu percurso de aquisição de conhecimentos, é difícil separar o trabalho no projeto Learn&Lead das minhas outras tarefas. Alguns resultados do meu próprio desenvolvimento podem ser resumidos da seguinte forma:

- mudar o pensamento das pessoas é difícil e a longo prazo;
- é difícil mudar as tradições e os hábitos da empresa;
- motivar os adultos e levá-los a pensar sobre si próprios, a melhorar o seu autoconhecimento e as suas ambições é difícil se não estiverem habituados a isso;
- cada pessoa é diferente, é necessário ouvir as pessoas com mais atenção;
- trabalhar com professores experientes é bonito, inspirador, enriquecedor, mas é necessário ouvi-los mais e estar aberto a mudanças e às suas sugestões;
- Independentemente do grau de convicção de que o seu caminho é o correto, tem de ouvir os outros e manter o seu pensamento flexível. Perceba que os outros também estão convencidos da correção do seu caminho, tal como você;
- todos cometemos erros, é natural; admitamo-lo e aprendamos com ele - só assim poderemos progredir efetivamente.

O que é que Learn&Lead significa para si atualmente?

- Um novo desafio - até agora, não trabalhei com professores do sector privado;
- novas oportunidades para o meu crescimento profissional e pessoal;
- nova experiência de conhecer e cooperar com novas pessoas.

O que desejaria à Learn&Lead para o futuro?

O maior número possível de pessoas e de professores; aqueles que podem ter uma visão dos pensamentos sobre os quais este projeto assenta e que tenta difundir. Que sejam "contagiados" pela ideia da abordagem orientada para o aluno, de modo a interiorizá-la, tal como fizeram os seus criadores. Além disso, desejo que os participantes no projeto tornem estas ideias não só essenciais para o seu trabalho pedagógico, mas também que as difundam ainda mais. Só assim, de baixo para cima, poderemos conseguir mudanças na educação do nosso país. Evidentemente, depende de nós, dos professores, porque, infelizmente, não podemos confiar nos nossos políticos.

5. KATARINA CHWARZOVA

Katarina Schwarzova licenciou-se no ensino combinado de Educação Cívica e Língua Inglesa na Universidade de Ss. Cyril e Methodius em Trnava. Mais tarde, decidiu estudar a língua inglesa na área da comunicação profissional e concluiu com êxito os seus estudos com um doutoramento. Atualmente, trabalha como gestora criativa de cursos de línguas na Harmony Academy.

A razão pela qual decidi convidar Katka Schwarzova para contribuir para este livro é muito prosaica. Quando 1 lhe ofereceu um emprego de gestora de cursos de línguas na Harmony Academy, em dezembro de 2014, durante uma das nossas reuniões, ela disse-me: "Janka, este cargo foi criado exatamente para mim. Inclui muita variedade, oportunidades de aprendizagem e liberdade no trabalho, o que é muito importante para mim. "A Katka foi contratada a 1 de abril de 2015 e, desde então, tem vindo a convencer-nos a todos no Harmony das suas capacidades excepcionais, comportamento responsável, orientação para os objectivos e força de vontade. 1 aprecia muito a sua abordagem amigável e também gosta do seu riso inconfundível. Sempre que o ouço, sei que, apesar da pressão sob a qual desempenha as suas funções todos os dias, é capaz de parar por um momento, recuperar o fôlego e lidar com qualquer situação no local de trabalho, mantendo-se sempre a par de tudo. A Katka foi uma das minhas principais escolhas na construção do nosso novo sistema Learn&Lead, e hoje sinto-me feliz por a ter ao meu lado. Todos os dias ela enfrenta vários desafios no trabalho, que são uma parte natural das nossas vidas. Desejo que ambos encontremos a paz, a deliberação, a coragem e a vontade de reforçar em nós o ideal de um homem compreensivo, paciente e com objectivos, que trabalha na posição de gestor na nossa empresa.

Qual é a sua relação com Jana Chynoradska e com a Harmony Academy? Como é que a descreveria?

Em primeiro lugar, preciso de dizer que a HARMONY ACADEMY não é uma escola de línguas típica. Preocupa-se não só com os seus alunos, mas também com os seus formadores e permite-lhes crescer e desenvolver-se profissionalmente. Quanto à equipa de trabalho, é muito diversificada. Os nossos colegas têm idades e experiências pessoais e profissionais diferentes. Com cada um deles, aprendi algo de novo e estou muito grato por isso. No entanto, no trabalho, estou sobretudo em contacto com a Janka, uma vez que partilhamos o mesmo gabinete. Basicamente, ela é a razão pela qual entrei na HARMONY ACADEMY. Ela persuadiu-me de que a HARMONY era a escolha certa na altura em que eu próprio precisava dela e que eu era a escolha certa para a HARMONY. Mas o maior mistério para mim sobre a Janka é a sua capacidade de gerir várias tarefas e coisas ao mesmo tempo. Ela é mãe, esposa, formadora, directora, gestora de projectos... Eu ter-me-ia desmoronado sob a pressão, mas ela não. Ela segue sempre em frente e isso é algo que me faz admirá-la muito.

Este livro intitula-se "EU ESCOLHO porque é a minha vida". Que escolha foi a mais difícil na tua vida até agora? Porquê?

É muito difícil responder a esta pergunta. Uma pessoa toma decisões todos os dias e escolhe entre determinadas opções. Quer se trate de pequenas coisas ou de decisões importantes para a vida/trabalho, é preciso enfrentá-las da melhor forma possível. Tomo todas as decisões na convicção de que é a mais correcta naquele momento, com a informação que tenho em mãos e a experiência que adquiri. E o que hoje parece ser a escolha mais difícil da vida, amanhã pode ser canja.

O livro é uma sequela de "I CAN because It's My Life", que se dirigia a professores e formadores, centrando-se na sua liberdade na sala de aula. Como é que esta mensagem se repercutiu na sua vida profissional?

Como trabalho na posição de criador de cursos/gestor criativo, sou confrontado com diferentes tipos de trabalho em comparação com os nossos professores e formadores. Por isso, não aplico a liberdade numa sala de aula, mas sim nas minhas tarefas quotidianas e nas tarefas que daí resultam. Mas devo admitir que, no que respeita à liberdade no trabalho, a HARMONY ACADEMY é única e diferente de outras escolas de línguas. Todos podem inventar algo novo e dar vida às suas ideias, ser criativos. Isto é algo que eu nunca tinha experimentado até começar a trabalhar no Harmony.

"EU ESCOLHO porque é a minha vida" dá um sinal claro a toda a gente de que é ELE/ELA que toma uma decisão sobre a sua vida. Encoraja a pessoa a tomar consciência do seu próprio poder e convida-a a tomar uma decisão para uma vida melhor e mais valiosa. Que mensagem enviaria aos leitores neste contexto?

A vida de cada um está nas suas mãos. Todos somos responsáveis pela nossa própria vida e temos de tomar decisões todos os dias. Por vezes, pode parecer que são os outros que decidem por nós, por exemplo, um banco ao qual pagamos um empréstimo, o nosso supervisor no trabalho a quem damos formulários de autorização para assinar, de modo a aprovar as nossas consultas no médico ou as férias. Parece bizarro, mas é assim que as coisas são. No final, porém, só nós é que temos a última palavra. Tudo o que não gostamos na nossa vida está nas nossas mãos e podemos mudar em qualquer altura. Só é preciso determinação e coragem.

Na sua versão simplificada, _Learn&Lead_ poderia ser designado como aprendizagem e desenvolvimento ao longo da vida. Que papel desempenha a aprendizagem ao longo da vida na sua vida?

A aprendizagem ao longo da vida é, para mim, uma parte muito importante e essencial da minha vida. Nunca somos suficientemente inteligentes para não precisarmos de nos educar mais. Este mundo está a avançar a uma velocidade imparável, pelo que não podemos "descansar sobre os louros". Temos de continuar a aprender e a avançar para sermos cada vez melhores. A informação continua a estar disponível para nós. Todos nós andamos diariamente com os nossos telemóveis, tablets ou computadores portáteis e podemos ligar-nos à Internet a qualquer momento e em qualquer lugar, onde podemos encontrar respostas para todas as nossas perguntas. Mas eu sou o tipo de pessoa que, apesar de todas as comodidades desta era, continua a preferir os livros. Para mim, eles são a fonte correcta de informação e, simultaneamente, uma forma de relaxamento. Nunca desistirei deles.

O que é que teve de passar até perceber que tem a sua vida nas suas próprias mãos? Que fracassos ou vitórias foram os mais decisivos na sua vida?

O facto de ter a minha vida nas minhas próprias mãos e de depender inteiramente de mim a forma como decido gerir a minha vida foi a maior "bofetada" que a minha vida me deu. Desde então, houve muitas "bofetadas", mas a primeira nunca se esquece. Tive de parar e pensar "o que é que se segue?". Nessa altura, apercebi-me de que tudo depende de mim. Desde então, sempre que tenho um obstáculo no meu caminho ou me encontro numa encruzilhada, sei que, independentemente das decisões que tomar, elas serão correctas porque fui eu que as tomei, eu fiz a escolha.

Quem está ao seu lado quando tem de fazer uma escolha? Porque é que essa pessoa é importante na sua vida?

Os meus pais e a minha irmã apoiaram-me durante toda a minha vida. Estiveram presentes quando tomei todas as decisões e escolhas. Agora, é certamente o meu marido. Embora a decisão final e a escolha sejam da minha responsabilidade, porque são eles que terão o maior impacto em mim, em primeiro lugar. Mas é com ele que posso contar sempre que preciso. E por isso, ficar-lhes-ei sempre grata.

Tem o seu ritual, sinal/indicação ou outros ajudantes que o orientam no seu processo de escolha?

Pessoalmente, não acredito em sinais nem em rituais. Talvez quando era muito mais novo. No entanto, a vida ensinou-me a confiar em mim próprio. Como já referi, as pessoas que me são mais próximas apoiam-me quando tomo decisões e faço escolhas, mas, no final, sou eu que decido.

Foi convidado para este livro como uma das pessoas-chave que ajudou a construir o novo conceito de formação de adultos *Learn&Lead*. Como descreveria o caminho de aprendizagem que teve de percorrer durante o desenvolvimento deste conceito?

Passei a fazer parte do Harmony precisamente na altura em que o projeto estava a ser finalizado e o conceito Learn&Lead começou a ser implementado. Não vi isso como uma mudança porque nessa altura tudo era novo para mim, mas apercebi-me das mudanças que estavam a acontecer no meu ambiente. Como é que os formadores se debateram com estas mudanças. Começou por haver um período de rebeldia, típico de qualquer período de mudança. Seguiu-se um período de resignação, quando deixaram de lutar contra o novo sistema e começaram a aceitá-lo como parte da sua vida profissional. Todo este processo conduziu à aceitação da mudança e à identificação com o novo sistema. O modelo Learn&Lead dá aos formadores a oportunidade de se desenvolverem e crescerem profissionalmente. Trata-se de um modelo único e ousado que destrói a conceção típica de educação e a perceção dos professores/formadores. Por conseguinte, é a escolha certa para formadores ambiciosos que gostam de desafios e não têm medo de algo novo.

O que é que Learn&Lead significa para si atualmente?

Para mim, Learn&Lead é um modelo totalmente funcional de gestão de escolas de línguas, bem como o percurso de desenvolvimento profissional do formador. Assim, suporta como um sistema não só a escola de línguas, mas também os seus formadores e funcionários, e ajuda-os a serem melhores e mais valiosos especialistas nas suas áreas. É realmente elaborado, mas intrinsecamente muito fácil de compreender. Por isso, faz parte da minha vida quotidiana.

O que desejaria à Learn&Lead para o futuro?

Principalmente a compreensão, porque se as pessoas compreenderem o que está em causa neste modelo, identificar-se-ão com ele. E isso trará sucesso tanto para elas como para este modelo.

6. MARIO BARANOVIC

Conheci Mario Baranovic em 2014, quando ele se tornou o meu conselheiro económico na adaptação do modelo Learn&Lead. Ele passou intensamente comigo um dos períodos-chave do novo ajustamento da gestão da nossa empresa; também nos ajudou a definir prioridades e a estabelecer processos para a parte comercial e financeira do modelo Learn&Lead através da sua visão profissional da gestão estratégica e financeira da empresa. No mundo de hoje, o Mário representa um homem-especialista capaz de inspirar, ensinar e liderar pessoas, tendo em conta as suas necessidades e possibilidades actuais de uma forma sensível. Encontrei nele um professor que trouxe alguma luz e fé nas minhas capacidades para a minha vida e um dos meus "aposentos secretos". Em relação a este livro, escolhi-o porque ele é a minha escolha n.º 1 para o cargo de perito. 1 para o cargo de consultor especialista em gestão financeira e estratégica de empresas. Acredito que, através da nossa cooperação e do modelo Learn&Lead, poderemos trazer benefícios a todos os que se identificarem com ele.

Qual é a sua relação com Jana Chynoradska e com a Harmony Academy? Como é que a descreveria?

Ao longo da nossa cooperação, a minha relação com a Jana e a Harmony foi profissional. Simultaneamente, em diferentes situações (mesmo de crise), a minha relação assumiu uma forma de comunicação pessoal. Para além disso, gosto da Jana e sinto respeito por ela devido às dificuldades que teve de enfrentar ao escolher a via da L&L.

Este livro intitula-se "EU ESCOLHO porque é a minha vida". Que escolha foi a mais difícil na tua vida até agora? Porquê?

A opção de passar de um emprego para um negócio está associada a grandes incertezas e dúvidas. Mas quando uma pessoa adquire gradualmente formação empresarial e profissional e experimenta quedas e subidas muitas vezes, acaba por compreender a sua missão na vida e começa a agir de acordo com os seus princípios básicos. Torna-se mais forte e confiante nas suas capacidades. A incerteza transforma-se em certeza, confiança em si próprio e legitimidade do caminho escolhido em cooperação com as pessoas certas.

"EU ESCOLHO porque é a minha vida" dá um sinal claro a toda a gente de que é ELE/ELA que toma uma decisão sobre a sua vida. Encoraja a pessoa a tomar consciência do seu próprio poder e convida-a a tomar uma decisão para uma vida melhor e mais valiosa. Que mensagem enviaria aos leitores neste contexto?

Quem está ao seu lado quando tem de fazer uma escolha? Porque é que essa pessoa é importante na sua vida?

Esta pergunta já foi respondida acima. Há valores humanos básicos que devem ser definidos por si próprio. Um deles é a família, que é também a minha resposta à pergunta.

Tem o seu ritual, sinal/indicação ou outros ajudantes que o orientam no seu processo de escolha?

Todos os que querem chegar a algum lado, mudar alguma coisa, alcançar algo ou deixar algo para as gerações seguintes têm de ter um sonho. Além disso, tem de ter um objetivo relacionado com a sua missão, ferramentas (capacidades) com as quais abre o seu próprio caminho e os valores básicos correspondentes.

Foi convidado para este livro como uma das pessoas-chave que ajudou a construir o novo conceito de formação de adultos _Learn&Lead_. Como descreveria o caminho de aprendizagem que teve de percorrer durante o desenvolvimento deste conceito?

Se não estou satisfeito com a minha vida, queixar-me não é suficiente. Se não estou realmente satisfeito com a minha vida, tenho de fazer uma mudança e começar a conhecer-me para que essa mudança aconteça. Com um objetivo claro e sabendo porque estou a fazer isto, nunca perderei o rumo e atingirei o objetivo que estabeleci.

Na sua versão simplificada, _Learn&Lead_ poderia ser designado como aprendizagem e desenvolvimento ao longo da vida. Que papel desempenha a aprendizagem ao longo da vida na sua vida?

A educação pode ter vários níveis - profissional, de comunicação, mental e pessoal.

Porque é que devo fazê-lo? A resposta é: nunca conseguirei realizar o meu sonho se não passar por obstáculos. E estes só podem ser ultrapassados através da aprendizagem, para que eu possa realizar o meu sonho.

O que é que teve de passar até perceber que tem a sua vida nas suas próprias mãos? Que fracassos ou vitórias foram os mais decisivos na sua vida?

A vitória contra mim próprio é maior quando consigo controlar o meu agir e pensar, mudando assim o meu destino. Talvez pareça complicado, mas se eu distinguir os assuntos que posso influenciar daqueles que não podem ser influenciados, serei capaz de decidir rápida e corretamente.

Estive envolvido no desenvolvimento da L&L durante cerca de um ano, utilizando relatórios financeiros, ferramentas de análise e principalmente uma comunicação ativa com o proprietário. Participei também no seu desenvolvimento dentro da empresa quando foi necessário orientar as decisões para salvar a empresa em tempos de crise até à entrada do novo investidor. Acredito que as acções tomadas foram bem sucedidas e desejo que a HARMONY e o projeto L&L se expandam geometricamente para que este pensamento/conceito traga grandes resultados.

O que é que Learn&Lead significa para si atualmente?

De um modo geral, trata-se do desenvolvimento progressivo de uma pessoa no seu pensamento e da orientação das suas acções futuras através da definição adequada das suas necessidades e desejos.

O que desejaria à Learn&Lead para o futuro?

Cumprir a mensagem em toda a sua extensão através da educação e de uma gestão adequada, resultando no sucesso e na satisfação de uma pessoa enquanto tal.

Klaudia Bednarova estudou Língua Inglesa na Faculdade de Educação de Universidade Constantino, o Filósofo, em Nitra. Não conseguia encontrar a escola de línguas certa, por isso criou uma. Hoje em dia, é uma excelente formadora de línguas, guru do marketing criativo, fã do Facebook, realizadora intransigente e vegetariana convicta. Há sempre um tema para discutir com ela; é uma pessoa esclarecida e culta. Gosta de ver séries de televisão, ler livros e nadar. Adora as sobrinhas, os gatos, passear e ensinar inglês.

De 2011 a março de 2017, foi Presidente da Associação de Escolas de Línguas da República Eslovaca (AJS SR) e, atualmente, é uma das principais figuras de uma das maiores conferências para professores e formadores de língua inglesa, o "ELT forum". Também dirige a sua própria escola de línguas e é membro ativo do Conselho de Administração da AJS SR. Em Klaudia, encontrei um parceiro para a construção de um sistema alternativo de formação contínua de professores e formadores de línguas estrangeiras e, graças à sua convicção, talento negocial e profundidade dos seus argumentos, o método Learn&Lead representa hoje uma plataforma de crescimento e desenvolvimento da própria AJS SR.

Qual é a sua relação com Jana Chynoradska e com a Harmony Academy? Como é que a descreveria?

Conheço a Jana desde 2011. Admiro-a pelo seu entusiasmo único e pelos seus visionários que motivam os outros a progredir. Sem a Jana e o seu entusiasmo pelo seu trabalho, nós, os professores com uma mentalidade prática, nunca conseguiríamos progredir à maneira do Learn & Lead. O seu entusiasmo é tão contagiante para aqueles que a rodeiam, que todos olham com admiração e espanto para a fonte de onde flui a sua energia.

Este livro intitula-se "EU ESCOLHO porque é a minha vida". Que escolha foi a mais difícil na tua vida até agora? Porquê?

Aos doze anos, fui confrontado com a decisão mais difícil da minha vida. Nunca me inclinei para a religião mas, nessa idade, pensava muito em Deus. Decidi que tinha de assumir a responsabilidade pela minha vida, por todas as decisões boas e más que tomasse. Sabia que mais ninguém assumiria a responsabilidade pelos meus actos. Apercebi-me de que a moral e os bons princípios eram importantes para mim, independentemente da fé. Tomei a decisão de viver sem dúvidas e de não comprometer a minha consciência e os meus sonhos. Sabia que, se quisesse progredir na vida, teria de cometer erros. As coisas difíceis fazem-nos avançar na vida. Só temos uma vida e a forma como a tratamos está nas nossas mãos; só nós somos responsáveis por criar o nosso próprio destino.

A decisão de começar a gerir uma empresa foi também uma das mais significativas da minha vida. Sonhava em criar um espaço onde pudesse fazer o que gosto com pessoas de quem gosto. Estou a gostar do facto de a minha escola estar a ter um bom desempenho e de estar rodeado de grandes pessoas que respeito e aprecio.

O livro é uma sequela de "I CAN because It's My Life", que se dirigia a professores e formadores, centrando-se na liberdade que têm nas salas de aula. Como é que esta mensagem se repercutiu na sua vida profissional?

Durante a minha infância, fiquei fascinado com a citação de um autor: "Na vida, o que importa é a forma como lidamos com a nossa própria liberdade". Desde a infância que a temos e, de acordo com a nossa idade, temos de a enfrentar. Penso que os pais devem dar uma certa dose de responsabilidade mesmo aos mais pequenos. Quando uma criança do primeiro ano não é ensinada a pensar nas suas tarefas e no que precisa de ter no saco para o dia seguinte, quando é que a criança vai compreender que precisa de suportar as consequências das suas próprias decisões?

A responsabilidade não entra na nossa vida de repente, não nos cai do céu. Se não tivermos sido ensinados a ser responsáveis desde a infância, não aprenderemos com os nossos pequenos erros e, mais tarde, como adultos, caminharemos com desconforto. Uma pessoa aprende a ser responsável durante a infância, e os professores são uma parte essencial deste processo. Os alunos aprendem a lidar com a responsabilidade e a enfrentar as coisas com coragem através da forma como os professores medem o seu progresso.

Penso racionalmente antes de tomar decisões - o que é que acontece se não resultar? Qual é o pior que pode acontecer? Isso ajuda-me a perceber os riscos que corro quando tomo certas decisões. Aprendi isto com o meu professor do liceu. Numa determinada aula, eu estava entre o A e o B, por isso ela perguntou-me se eu queria corrigir a nota. Senti-me suficientemente confiante para tentar, apesar de não estar preparado. Bem, acabei por ter um C, e então compreendi finalmente que há uma grande diferença entre correr um risco saudável e ser demasiado confiante e tentar fazer algo de forma ousada.

Tudo isto teve uma grande influência em mim, não só como pessoa, mas também como professor. Estou convencido de que os professores, tal como os pais, desempenham um papel fundamental na vida de uma pessoa. A compreensão de que "a minha liberdade acaba onde começa a tua" deve ser vivida e ensinada por todos os professores. Para mim, trata-se de um respeito básico pelo mundo que me rodeia.

Na sua versão simplificada, *Learn&Lead* poderia ser designado como aprendizagem e desenvolvimento ao longo da vida. Que papel desempenha a aprendizagem ao longo da vida na sua vida?

A aprendizagem ao longo da vida é absolutamente essencial para este século. O mercado de trabalho tem vindo a desenvolver-se mais rapidamente do que a nossa capacidade de adaptar os programas e cursos escolares. As exigências para os professores aumentaram enormemente e não conseguem preparar os alunos para qualquer eventualidade que possa surgir. A solução não é ensinar matérias, mas sim ensinar os alunos, ensiná-los a pensar criticamente, a avaliar e a relacionar a informação que recebem e a aprender da forma correcta.

O que é que teve de passar até perceber que tem a sua vida nas suas próprias mãos? Que fracassos ou vitórias foram os mais decisivos na sua vida?

Temos um período de tempo limitado na nossa vida. Um momento importante para mim foi quando me apercebi do que quero deixar para trás. No passado, trabalhei vigorosamente duas vezes numa coisa, dediquei-lhe toda a minha energia e tempo e, depois de a ter terminado, tudo se desmoronou. Hoje, quando decido investir a minha energia numa coisa, esta deve ter um objetivo e um impacto duradouro na vida à nossa volta.

Quem está ao seu lado quando tem de fazer uma escolha? Porque é que essa pessoa é importante na sua vida?

A minha família e os meus amigos. As pessoas que me rodeiam estão habituadas ao facto de eu ser uma pessoa direta, de ir direto ao assunto. Respondem na mesma moeda. Não sou o tipo de pessoa que ouve os outros e implora pelos seus conselhos. Os meus pais ensinaram-me que, quando falamos com uma pessoa, devemos mostrar respeito, mas podemos sempre ser directos e fazer críticas construtivas. Uma pessoa assim aguenta-se. Não estou a tentar dar-me bem com toda a gente e convencê-los da "minha verdade". No fim de contas, não está escrito em lado nenhum que a minha "verdade", na qual acredito, está de facto certa. Os meus amigos mais próximos confrontaram me com comentários, mesmo quando não foram solicitados. Este espelho ergueu-se para mim influencia os meus pensamentos, acções, crenças, escolhas e vida.

Tem o seu ritual, sinal/indicação ou outros ajudantes que o orientam no seu processo de escolha?

Se não tiver a certeza, pergunto a várias pessoas à minha volta. Ouço, penso e considero o que me dizem. Não peço conselhos diretamente.

O que é que Learn&Lead significa para si atualmente?

Uma visão progressiva. Trata-se do percurso profissional de um formador e é uma ferramenta com a qual podemos atrair pessoas ambiciosas que querem melhorar, educar e aperfeiçoar-se. O sistema educativo atual repele os especialistas em vez de os atrair. Não é oferecido nem disponibilizado crescimento profissional nem remuneração adequada. Os professores competentes não têm qualquer motivação para fazer parte de um sistema deste género. Learn & Lead oferece a oportunidade de progredir na carreira no sector da educação e essa é a chave. Ser um professor melhor significa ser uma pessoa melhor. Se eu quiser ser um bom professor, não posso ensinar da mesma maneira todos os anos. Eu próprio preciso de aprender e progredir. De que outra forma poderei persuadir um aluno a progredir também?

O primeiro nível do programa é direcionado para o aluno. O professor aprende a analisar o aluno, a revelar o seu tipo e a técnica de ensino que melhor funciona com ele. Segue-se a formação em comunicação. O professor aprende a captar a atenção do aluno, a organizar a sala de aula e a comunicar com os seus colegas e alunos da forma mais eficaz.

O segundo nível diz respeito à liderança e à gestão. Um formador é o líder da sala de aula. Toma conta dos alunos, juntos são uma equipa. Todos os estudantes de línguas estrangeiras passam por períodos de felicidade, problemas no trabalho ou na sua vida privada. O seu desempenho durante os cursos será o mesmo. Só um professor que seja um bom líder de grupo pode motivar corretamente a turma para progredir e aprender enquanto se diverte.

No terceiro nível, o professor torna-se um formador que associa temas específicos à língua. Partilha a sua experiência e capacidades com colegas mais novos e menos experientes e, simultaneamente, sobe na escala salarial. Alguém pode argumentar que os verdadeiros valores não são monetários, mas na educação é necessário ultrapassar este preconceito, caso contrário não podemos progredir com a qualidade em mente. Learn & Lead pode mudar a educação a partir das bases. Por isso, para mim, o entusiasmo da Jana é extremamente importante. Ela vai continuar a inspirar-nos a sonhar e, juntos, vamos avançar com alegria e entusiasmo até conseguirmos fazer a mudança juntos.

O que desejaria para a Learn&Lead no futuro?

Fazer com que isso aconteça com sucesso.

8. VICKI PLANT

Vicki PLANT tem uma vasta experiência no ensino do inglês como língua estrangeira que adquiriu em França durante os últimos 6 anos. Especializou-se no ensino de inglês a adultos, principalmente em empresas, para permitir que os profissionais funcionem melhor no contexto internacional. Possui grandes competências técnicas e de gestão; depois de ter obtido uma licenciatura inicial em Informática e Matemática, obteve um MBA na Open University Business School, ambas no Reino Unido. Adquiriu a sua experiência empresarial através do trabalho em diversos sectores, tanto no Reino Unido como na Europa. Procura sempre melhorar os seus conhecimentos e capacidades através de formação e desenvolvimento profissional e pessoal contínuos. Está muito empenhada em disponibilizar formação e desenvolvimento profissional aos professores de línguas estrangeiras, para que este domínio seja visto como uma área profissional de especialização.

A Vicki desempenhou um papel fundamental na criação do programa de formação "Parent as a Leader" quando compreendemos que um formador qualificado é um dos sucessos do seu lançamento. Essa pessoa não era um "professor de inglês", mas um formador moderno que tem a sua capacidade de "vida" e experiência "profissional" com a parentalidade. Estou grato pelo seu interesse genuíno em descobrir a base dos meus pensamentos, que são justificáveis neste mundo no tempo e no espaço, e para as pessoas a quem esses pensamentos devem trazer benefícios, encorajamento e esperança para construir uma sociedade mais valiosa e mais educada. Acredito que o futuro nos mostrará a ambos a importância que a nossa amizade pessoal e profissional teve e continua a ter.

Qual é a sua relação com Jana Chynoradska e com a Harmony Academy? Como é que a descreveria?

Conheço a Jana há mais de 3 anos; conheci-a pela primeira vez quando participei no projeto europeu que foi criado para desenvolver o Learn & Lead for Parents. A equipa do projeto era constituída por 3 equipas de 3 países, Eslováquia, República Checa e França, e eu fazia parte da equipa francesa, apesar de ser inglesa. Foi aqui que descobri o conceito Aprender e Liderar e como se pode aplicar a toda a gente, não só no campo profissional, mas também nas nossas vidas como pais - precisamos sempre de aprender e, através desta aprendizagem e desenvolvimento, podemos começar a liderar os outros, especialmente no nosso papel de pais. A primeira reunião do projeto teve lugar no Harmony e foi aqui que conheci a Jana e a sua equipa de professores; fiquei muito impressionado com o seu estilo de ensino e com a variedade de técnicas diferentes que utilizavam. Na sequência deste projeto, tenho trabalhado com a Jana no projeto Prolant-cap desde 2015, que está agora a chegar ao fim.

Considero que a minha relação com a Jana é uma relação de reciprocidade, em que ambos podemos aprender um com o outro; ambos temos competências e experiências diferentes e, por isso, podemos abordar as coisas de pontos de vista diferentes, mas podemos ainda assim trabalhar em conjunto para atingir objectivos e realizar projectos. Vejo a Jana como uma pessoa muito visionária, com um forte sentido e ideia de onde quer ir e para onde tudo vai levar. Eu sou bastante diferente, na medida em que não tenho a visão ou a força motriz, mas consigo captar uma visão e ver como as coisas se encaixam e o que pode ser necessário fazer para avançar.

Este livro intitula-se "EU ESCOLHO porque é a minha vida". Que escolha foi a mais difícil na tua vida até agora? Porquê?

Já tive algumas escolhas difíceis na minha vida, mas provavelmente a que teve maior alcance e impacto foi quando escolhemos viver em França. O meu marido e eu vivíamos uma vida confortável em Inglaterra, com os desafios diários e constantes de uma família jovem, mas sem o entusiasmo ou o interesse a que estávamos habituados, quando ambos tínhamos carreiras e vidas sociais ocupadas e tempo para nós próprios!

Falávamos regularmente em ir viver para o estrangeiro e, possivelmente, estimulados pelos frequentes programas de televisão da altura que promoviam a vida no estrangeiro e mostravam a boa vida que as pessoas pareciam ter, começámos a pensar nas nossas opções. A Nova Zelândia, sendo a nossa primeira escolha, foi posta de parte devido à distância do Reino Unido e das nossas famílias e, depois de darmos uma volta pela França, encontrámos um local que nos agradou muito - o sudoeste de França, perto das montanhas dos Pirenéus e do oceano. Os preços das casas eram baratos e a taxa de câmbio era boa, por isso procurámos e escolhemos rapidamente uma propriedade que parecia preencher todos os requisitos e fizemos a nossa compra - parecia tão fácil. Mas depois, quando regressámos ao Reino Unido, as coisas tornaram-se mais difíceis - será que queríamos mesmo mudar-nos para França permanentemente, será que podia ser a tempo parcial, será que podia ser apenas uma casa de férias?

Agora tínhamos mais perguntas e mais decisões a tomar do que antes. Seria a coisa certa para os nossos filhos? Eles adaptar-se-iam, nós adaptar-nos-íamos? Será que nós/eles alguma vez aprenderiam a língua? Em que é que estávamos a pensar...? Falámos com amigos e familiares, fizemos listas de prós e contras, analisámos, discutimos, mas não havia uma resposta simples. Depois de andarmos às voltas, a tentar perceber o que era melhor, tornou-se claro que se tratava apenas de uma escolha simples - ir ou ficar? Ficar com uma vida que era confortável e fácil ou arriscar e tentar algo diferente, ter uma aventura e um desafio e desenvolvermo-nos a nós próprios e às nossas vidas. Qualquer um dos caminhos teria os seus pontos positivos e negativos, não havia uma "resposta certa", por isso era uma questão de fazer a escolha. Escolhemos ir e, a partir desse momento, começámos uma nova vida em França. Não posso dizer que tenha sido fácil, de facto, por vezes foi muito difícil, não posso dizer que tenha sido a escolha "certa", mas fizemos uma escolha e esta é a nossa vida agora. Se, no futuro, optaremos por deixar a França e ir para outro sítio, é outra escolha que teremos de fazer.

O livro é uma sequela de "I CAN because It's My Life", que se dirigia a professores e formadores, centrando-se na liberdade que têm nas salas de aula. Como é que esta mensagem se repercutiu na sua vida profissional?

Dou aulas há 8 anos e, antes disso, a minha vida profissional foi nos sectores tecnológico e empresarial. Quando trabalhava nestes sectores, sentia que tinha mais opções e mais oportunidades para me desenvolver e para escolher a direção da minha carreira. Desde que me envolvi nos projectos com a Jana, vi que é possível fazer mais no mundo do ensino de línguas, que há mais caminhos abertos, mas que ainda há muito trabalho a fazer em termos de progressão e desenvolvimento de carreira. Em termos de liberdade na sala de aula, o que me chama a atenção é o sentido de sermos nós próprios, cada professor tem um estilo diferente, uma personalidade diferente e uma forma diferente de ser, e permitir que isso floresça na sala de aula à nossa maneira individual.

"EU ESCOLHO porque é a minha vida" dá um sinal claro a toda a gente de que é ELE/ELA que toma uma decisão sobre a sua vida. Encoraja a pessoa a tomar consciência do seu próprio poder e convida-a a tomar uma decisão para uma vida melhor e mais valiosa. Que mensagem enviaria aos leitores neste contexto?

É importante compreender que temos o poder de criar a nossa própria vida e que não vale a pena esperar que a vida venha até nós, temos de tomar a iniciativa e decidir o que queremos fazer e como viver a nossa vida. A única ressalva que faço é que ninguém vive no vazio e as escolhas que fazemos têm de ter em conta as pessoas que nos rodeiam e os efeitos que podem ter sobre elas. Quando era solteira e antes de ter filhos, as escolhas eram só minhas, mas agora reconheço que as minhas escolhas têm um impacto nas pessoas que me são próximas e que tenho de ter isso em conta. Não sou certamente perfeito nisto, talvez nem sequer seja bom, mas reconheço que existem alguns limites e limitações nas decisões que tomo. Da mesma forma, as minhas escolhas e decisões têm de ser limitadas pela realidade, não faz sentido eu decidir que quero ser o próximo Presidente francês, se não sou francês e se as minhas capacidades de expressão oral não são óptimas!

Na sua versão simplificada, *Learn&Lead* poderia ser designado como aprendizagem e desenvolvimento ao longo da vida. Que papel desempenha a aprendizagem ao longo da vida na sua vida?

Sempre gostei de aprender coisas novas e isso sempre foi um motor na minha vida. Mesmo depois de terminar a universidade, sempre fiz e continuo a fazer cursos para melhorar as minhas capacidades, quer seja para aprender o básico de uma nova língua, experimentar novos desportos ou desenvolver os meus talentos artísticos. Estou constantemente a pensar em como melhorar as coisas, em como fazer avançar as coisas e em como me desenvolver - é uma das alegrias da minha vida descobrir coisas novas, isso mantém a vida viva e fresca. Acho que nunca vou parar.

O que é que teve de passar até perceber que tem a sua vida nas suas próprias mãos? Que fracassos ou vitórias foram os mais decisivos na sua vida?

Quando trabalhei no mundo dos negócios, havia também um chefe, algures mais acima, que tomava decisões sobre o nosso emprego, o nosso percurso profissional e o que era necessário fazer no trabalho. Provavelmente, um dos momentos mais decisivos da minha vida foi quando decidi fazer uma pausa na minha carreira e pedi uma licença sabática de 6 meses para viajar à volta do mundo. Isto não era algo que as pessoas fizessem na nossa empresa, mas foi de alguma forma acordado que eu poderia fazê-lo... depois, no último minuto, a decisão foi anulada pelos RH, pois não queriam abrir um precedente. Teria de me demitir e voltar a candidatar-me quando regressasse. Estava ao telefone com o meu diretor e tornou-se claro para mim que esta era a minha escolha, a minha vida e que tinha de a fazer, por isso disse ok e parti com as minhas malas e o meu marido para explorar durante 6 meses. Agora que olho para trás, foi um fracasso ou uma vitória? - Não tenho a certeza, mas alterou o rumo da minha vida profissional e, desde então, nunca mais me senti tão ligada a uma carreira específica.

Quem está ao seu lado quando tem de fazer uma escolha? Porque é que essa pessoa é importante na sua vida?

Há uma série de pessoas que me apoiam quando preciso de fazer uma escolha. Falo muitas vezes com a minha irmã, com o meu pai ou com bons amigos, mas, obviamente, a pessoa com quem falo normalmente é o meu marido. Devo admitir que nem sempre é a melhor escolha, ele nem sempre compreende e nem sempre concorda comigo, mas é uma pessoa de confiança a quem posso expor as minhas ideias e discutir as opções que tenho ou não tenho. Geralmente, resolvemos as coisas, mesmo que tenhamos de passar por discussões acaloradas antes de sairmos do outro lado.

Tem o seu ritual, sinal/indicação ou outros ajudantes que o orientam no seu processo de escolha?

Tenho tendência para refletir no momento e, se me sentir em paz com a escolha, se me parecer correcta, então confio na decisão.

Foi convidado para este livro como uma das pessoas-chave que ajudou a construir o novo conceito de formação de adultos *Learn&Lead*. Como descreveria o caminho de aprendizagem que teve de percorrer durante o desenvolvimento deste conceito?

Penso que tive de sair da minha rotina normal e fazer algo para além do que faço normalmente. Provavelmente, tinha ficado um pouco preso no dia a dia do ensino, pois havia muita rotina quanto ao tipo de aulas, os alunos, as técnicas e os materiais utilizados. Ao longo dos 3 anos em que estive envolvido no Learn & Lead, penso que foi um processo de transformação gradual e que ganhei uma nova confiança no ensino e no facto de ser um líder. Tive de refletir sobre os estilos de ensino e explorei diferentes metodologias, mas provavelmente a maior oportunidade foi o facto de os formadores trabalharem em conjunto para pensar como a profissão de professor de línguas poderia ser alterada e como desenvolver novos recursos e métodos de ensino.

O que é que Learn&Lead significa para si atualmente?

É o conceito de que estamos sempre a aprender e que, através dessa aprendizagem, não só nos desenvolvemos a nós próprios, como também o transmitimos às pessoas que nos rodeiam, quer sejam os nossos colegas de trabalho ou a nossa família e amigos. Para mim, atualmente, está relacionado com o desenvolvimento como formador de línguas e, através da minha aprendizagem e aperfeiçoamento, posso trabalhar com outros para transmitir as ideias e os conhecimentos.

O que desejaria à Learn&Lead para o futuro?

Continuar na direção que está a seguir e ver esta visão para as escolas de línguas tornar-se uma realidade, de modo a que exista uma indústria onde as pessoas e as escolas estejam continuamente a desenvolver-se e a melhorar, tanto natural como organicamente, através de formas novas e originais de funcionamento que respeitem tanto os formadores como os líderes.

9. PAUL DAVIS

Personalidade. Aparência única no panorama do ensino da língua inglesa (ELT).

Já tinha ouvido falar do Paul muito antes de o conhecer pessoalmente e de o ter experimentado como meu formador. Os rumores que circulavam à sua volta mereceram a minha atenção precisamente devido à sua extravagância e ao seu modo de vida independente (bem como à sua forma de dar aulas de inglês). Quando o vi falar no curso "Building positive group dynamics" na Pilgrims, em julho de 2010, compreendi perfeitamente porque é que ele tem sido considerado uma das figuras-chave desta escola extraordinária. O Paul tem um conhecimento profundo, uma perceção alargada e oferece uma mensagem significativa através da qual ajuda os professores a saírem dos trilhos batidos e a libertarem-se das crenças que os impedem de serem pessoas reais e autênticas nas suas salas de aula. Quando o conhecerem, compreenderão o que quero dizer. Dê a si próprio tempo suficiente para o conhecer e saiba que será um dos momentos mais poderosos, trazendo novos conhecimentos preciosos para a sua vida. O Paul é um formador de professores e formadores do "2º andar", pelo que é natural que seja necessário crescer para atingir o seu "nível".

Qual é a sua relação com Jana Chynoradska e com a Harmony Academy? Como é que a descreveria?

Qual é a minha relação com Harmony? Bem, é a escola e eu venho cá, dou aulas e gosto dela. E contigo? És alguém que pensa da mesma maneira que eu e que anda comigo em Canterbury quando lá estou e também quando estou na Eslováquia.

Este livro intitula-se "EU ESCOLHO porque é a minha vida". Que escolha foi a mais difícil na tua vida até agora? Porquê?

Representar a minha idade. 30 anos é a idade em que deveríamos ter crescido e 60 anos é a idade em que deveríamos estar realmente a envelhecer, e eu acho isso difícil. A maior escolha que fiz foi reformar-me (tenho 64 anos), o que é muito difícil e frustrante. Escolhi reformar-me, mais ou menos. Na verdade, não sou eu que escolho as coisas. Por exemplo, sou professora, mas não escolhi ser professora. Apenas vejo para onde as coisas estão a ir e depois as coisas acontecem. Não sou uma pessoa que escolhe muito bem.

É isso mesmo, como por exemplo, vou tornar-me professor, vou escrever um livro ou vou fazer isto. Algumas coisas aconteceram organicamente. Na minha vida, não estou a dizer que sou típico, mas não consigo perceber como é que as pessoas escolhem as coisas. As pessoas querem ser um striver ou ir viver para Espanha. Eu vou com a corrente. Sou muito passivo-agressivo nas minhas escolhas.

O livro é uma sequela de "I CAN because It's My Life", que se dirigia a professores e formadores, centrando-se na liberdade que têm nas salas de aula. Como é que esta mensagem se repercutiu na sua vida profissional?

Bem, Andrew Marvell, um poeta inglês, disse: "O túmulo é um lugar belo e privado, mas ninguém, penso eu, o abraça." E eu acho que uma sala de aula é um espaço muito privado. Por isso, quando entramos na sala de aula, somos nós, os alunos, sem pais e sem administração. Uma vez por mês, um diretor deveria ter vindo inspecionar a minha turma, mas não o fez muitas vezes porque era demasiado preguiçoso, por isso o chefe veio à minha escola e inspeccionou-me de seis em seis ou de três em três meses e, no final da aula, os alunos disseram: "É um pouco diferente da nossa aula habitual". Se deres a aula que o diretor espera ver, desde que os alunos estejam do teu lado, podes fazer o que quiseres. Na minha opinião, a maioria dos professores é oprimida por programas de estudo, manuais escolares ou o que quer que seja. Em primeiro lugar, é preciso dar atenção aos alunos, é preciso descer ao seu nível e dizer-lhes o que se faria e, gradualmente, elevá-los e desenvolver uma forma de aprendizagem mais interessante. Se correr mal, os alunos dirão "dêem-me mais gramática", se correr bem, têm-nos do vosso lado, aprendem com eles, mas ninguém o sabe porque ninguém vem à sala de aula.

"EU ESCOLHO porque é a minha vida" dá um sinal claro a toda a gente de que é ELE/ELA que toma uma decisão sobre a sua vida. Encoraja uma pessoa a tomar consciência do seu próprio poder e convida-a a tomar uma decisão para uma vida melhor e mais valiosa. Que mensagem enviaria aos leitores neste contexto?

Ok, eu diria "não tenhas medo de sair do teu abrigo" quando desaprovas, isso pode ser útil. As pessoas são demasiado educadas. Discordar é mais correto, porque muitas vezes é passivo-agressivo e acaba por fazer com que ninguém faça nada. É preciso ter uma boa discussão ou mesmo aceitar o facto de nunca ter de concordar.

Na sua versão simplificada, *Learn&Lead* poderia ser designado como aprendizagem e desenvolvimento ao longo da vida. Que papel desempenha a aprendizagem ao longo da vida na sua vida?

Bem, eu parei muito cedo de fazer qualificações. Depende da personalidade, há pessoas que gostam de melhorar as suas qualificações; eu deixei de o fazer, quase não consegui nada. Acho que acabamos por aprender o que fazer; a melhor coisa que já ouvi: "o sinal de uma aula bem sucedida é o facto de o professor ter aprendido uma coisa". Em cada aula, o professor deve aprender uma coisa. Se tu, professor, aprenderes uma coisa em cada aula, a cada hora, podes ser muito melhor do que qualquer mestre, linguista ou psicólogo.

O que é que teve de passar até perceber que tem a sua vida nas suas próprias mãos? Que fracassos ou vitórias foram os mais decisivos na sua vida?

Nunca deixei de lutar. Algumas coisas correram bem, outras correram mal. Uma coisa que detesto é quando oiço a televisão ou a rádio e há uma pessoa heróica que perdeu as duas pernas e depois decidiu tornar-se alpinista sem pernas; detesto esse tipo de histórias inspiradoras de pessoas que perderam as pernas e depois decidiram escalar todas as montanhas de todos os continentes. Também odeio histórias de pessoas que quase morreram e voltaram da morte, odeio essas vitórias extremas. Sempre preferi um fracasso medíocre a um sucesso medíocre. Quanto à pergunta, não acho que seja verdade. Não acho que a vida esteja realmente nas nossas mãos, acho que tenho apenas muita sorte. Nunca ganhei um milhão, mas também nunca perdi uma perna num acidente de comboio, etc., etc. Acho que não tenho o controlo da minha vida. Sou um vagabundo. Mudei de emprego, mudei de profissão, mudei de relações, mudei de sítio para viver.

Quem está ao seu lado quando tem de fazer uma escolha? Porque é que essa pessoa é importante na sua vida?

Ninguém. A sério. Eu tenho uma relação. Tenho um parceiro há 20 anos, mas não falamos de escolhas. Eu não faço escolhas, sou um vagabundo. Acho que esta é a minha resposta, desculpa.

Tem o seu ritual, sinal/indicação ou outros ajudantes que o orientam no seu processo de escolha?

Há muitas pessoas que admiro muito e gosto do seu estilo, mas tenho um problema quando observo pessoas, pessoas que respeito muito; tenho tendência para começar a agir como elas, mas de uma forma muito pior do que elas e perco a forma como agiria. O que eu quero é evitar, na verdade, observar as pessoas tanto quanto possível. Não é por não admirar a forma como trabalham, mas acho que se as observarmos demasiado perdemos o que há de bom na nossa forma de trabalhar. É preciso ter muito cuidado; o que eu faço é observar alguém que é realmente bom e depois deixo de o observar, de ver como trabalha, só por precaução, para não me inspirar nele e perder o meu próprio estilo.

Foi convidado para este livro como uma das pessoas-chave que ajudou a construir o novo conceito de formação de adultos *Learn&Lead*. Como descreveria o caminho de aprendizagem que teve de percorrer durante o desenvolvimento deste conceito?

Também é uma pergunta um pouco difícil. Basicamente, o que me pediram foi para fazer o que faço normalmente para o Harmony. Basicamente, fiz o que faço normalmente, por isso não me apercebi de estar a fazer parte de uma estratégia, para além de ter a oportunidade de conhecer pessoas e funcionários ao jantar.

O que é que Learn&Lead significa para si atualmente?

É uma frase de engate muito interessante. Não investiguei em profundidade. Estaria muito interessado em investigar. Quando falo, não gosto de falar de alunos, gosto de falar de aprendentes. O professor é um técnico, um líder técnico. Essa seria a minha filosofia de base.

O que desejaria à Learn&Lead para o futuro?

Está a perguntar a alguém que está reformado. © Penso que a sobrevivência, haverá sempre uma pequena parte de qualquer indústria que é progressiva num campo muito difícil. Por isso, esperemos que sobreviva e prospere.

10. DORIS SUCHET

Há mais de doze anos que DORIS SUCHET dirige a mais antiga escola de línguas de Oxford. A escola REGENT OXFORD, fundada em 1953, é frequentada anualmente por cerca de mil estudantes de todo o mundo. Emprega 35 professores na época de verão. É originária da Polónia, mas desde os seus estudos universitários que vive e trabalha em Oxford.

Tive a oportunidade de conhecer a Doris numa das conferências realizadas nesta bela cidade antiga, há vários anos. Durante a criação do percurso Learn&Lead, foi também na sua escola que encontrei respostas para algumas das perguntas que me andavam na cabeça. Fiquei a conhecer a Doris como uma senhora muito dinâmica e determinada, que sabe o que está a fazer. Na sua escola, encontrei os formadores que me podiam orientar e desenvolver as minhas capacidades de apresentação, marketing, liderança e gestão escolar. A Doris consegue despertar o entusiasmo das pessoas para a aprendizagem porque é autêntica e natural no seu trabalho. Foi por isso que a abordei sobre a possibilidade de cooperar na oferta de cursos de formação funcional para professores, formadores e gestores de escolas de línguas no âmbito da estratégia Learn&Lead. As primeiras respostas dos participantes foram muito positivas, pelo que estou satisfeita por termos escolhido a direção certa. Acredito que juntos conseguiremos continuar a avançar na unidade e na concórdia necessárias para construir um sistema de crescimento e desenvolvimento sustentável da aprendizagem de línguas na nossa sociedade.

Qual é a sua relação com Jana Chynoradska e com a Harmony Academy? Como é que a descreveria?

A Jana e eu conhecemo-nos há cerca de 5 anos. Conhecemo-nos no Oxford Principals' Forum, um simpósio académico e de vendas organizado pela Instill Education, a empresa para a qual trabalho. Senti-me imediatamente atraído pelo entusiasmo aberto e contagiante da Jana pela educação. Estabelecemos uma ligação por vários motivos, entre os quais a nossa paixão comum pelo ensino, pela aprendizagem e pela melhoria contínua de nós próprios e dos outros. No início, a nossa relação era comercial; eu como diretor de uma escola e a Jana como parceira representante que promove Regent Oxford junto de potenciais novos alunos na Eslováquia. Após algum tempo, começámos a colaborar noutros projectos destinados a melhorar as competências de gestão, liderança e comunicação. Os resultados que eles produzem e as recompensas que oferecem em termos de desenvolvimento, meu e dos outros, estão a tornar-se cada vez maiores!

Este livro intitula-se "EU ESCOLHO porque é a minha vida". Que escolha foi a mais difícil na tua vida até agora? Porquê?

Não descreveria nenhuma das minhas escolhas de vida como difícil; para mim, essa não é a palavra que descreve corretamente o que sinto em relação a elas. Corajoso ou desafiante seriam as palavras mais apropriadas, porque assim que tomo uma decisão ou faço uma escolha, sei que vou mantê-la e que *vou* conseguir fazer o que me propus fazer e que vou ser bem sucedido - é a viagem de descoberta de como exatamente o vou fazer para que consiga enfrentar o desafio com sucesso. Assim, as escolhas mais "corajosas" de que me orgulho na minha vida são escolher viver a minha vida noutro país e torná-la tão bem sucedida como a teria vivido no meu país natal, sem fazer quaisquer compromissos na minha vida pessoal ou profissional. Assumir um cargo de direção numa escola de línguas quando ainda era muito jovem, inexperiente e não nativo foi também uma escolha corajosa. Inclui também a minha opção de ter apenas um filho - uma escolha que fiz conscientemente (alguns dirão egoísta e provavelmente também terão razão!) para me poder concentrar naquilo que me faz sentir realizada na minha vida - a minha carreira. Acho que esta é a única escolha pela qual eu, enquanto mulher, sou frequentemente criticada ou, pelo menos, mal compreendida. Penso que, mesmo hoje em dia, existe um grande estigma associado ao facto de as mulheres fazerem escolhas profissionais em detrimento das escolhas familiares, algo que, socialmente, ainda é visto como uma prerrogativa muito mais masculina.

O livro é uma sequela de "I CAN because It's My Life", que se dirigia a professores e formadores, centrando-se na liberdade que têm nas salas de aula. Como é que esta mensagem se repercutiu na sua vida profissional?

Coloco sempre a inovação e a criatividade na linha da frente de tudo o que faço. Para mim, isto significa rodear-me das pessoas certas para fazer o trabalho *bem* feito. Penso que saber a direção que queremos seguir, o nosso plano, o tipo de cultura organizacional que queremos criar à nossa volta é vital e, para o conseguir, é fundamental escolher as pessoas certas.

"EU ESCOLHO porque é a minha vida" dá um sinal claro a toda a gente de que é ELE/ELA que toma uma decisão sobre a sua vida. Encoraja uma pessoa a

tomar consciência do seu próprio poder e convida-a a tomar uma decisão para uma vida melhor e mais valiosa. Que mensagem enviaria aos leitores neste contexto?

Sinto que a minha escola é "a minha vida", por isso, dar ao meu pessoal a liberdade criativa de que necessitam para se orgulharem do seu trabalho. E, em última análise, ser um membro mais eficaz da equipa é uma escolha que vale a pena fazer, apesar de, como diz o ditado: "É simples, mas não é fácil"! Não se pode simplesmente fazer uma escolha; é preciso fazê-la com convicção e depois concretizá-la. Mesmo que opte por não escolher e deixar que outra pessoa decida, faça-o também com convicção.

Na sua versão simplificada, *Learn&Lead* poderia ser designado como aprendizagem e desenvolvimento ao longo da vida. Que papel desempenha a aprendizagem ao longo da vida na sua vida?

Se a sua área de trabalho é a educação, nunca pode parar de aprender, ou estará a pedir a outros que façam algo que não está preparado para fazer.

O que é que teve de passar até perceber que tem a sua vida nas suas próprias mãos? Que fracassos ou vitórias foram os mais decisivos na sua vida?

Nas palavras de Roberto Benigni: "Agradeço aos meus pais o dom da pobreza". Venho de uma família numerosa de meios modestos; o valor de uma boa educação e a vontade de ser o melhor possível em tudo o que me proponho alcançar foi-me incutido desde muito jovem. Benjamin Franklin também disse: "Não é de onde vens, mas sim o que fazes com ele" e eu acredito piamente nisto. Também se aplica aos meus alunos que estão a aprender inglês. Como bom conselho, dou-lhes muitas vezes - o importante não é a quantidade de inglês que se tem, mas sim o que se pode fazer com ele.

Quem está ao seu lado quando tem de fazer uma escolha? Porque é que essa pessoa é importante na sua vida?

Em última análise, não se pode contar com ninguém para nos segurar a mão; temos de estar preparados para fazer escolhas que sabemos serem correctas, independentemente do que os outros possam pensar. Tenho muita sorte por ter uma família que me apoia, um diretor que me encoraja e um co-gestor inspirador com quem dirijo a escola. Ele partilha a minha visão para a escola, mas também está preparado para ser o meu melhor amigo crítico quando preciso; é a maior dádiva, pois faz-me perceber quando e onde ainda preciso de ser melhor - como pessoa, gestor, educador e líder - e dá-me vontade de trabalhar para lá chegar!

Tem o seu ritual, sinal/indicação ou outros ajudantes que o orientam no seu processo de escolha?

Por muito difícil que seja, tento sempre seguir o meu instinto ou o instinto daqueles que me rodeiam e em quem confio. Normalmente, a primeira decisão que tomo é a melhor e turvar as águas com hesitações pode ser a diferença entre o brilhantismo e a mediocridade. O meu lema de vida é "*nunca* poderei morrer", algo de que me apercebi com um raio quando o meu filho tinha três dias e a magnitude da responsabilidade da paternidade me atingiu com força. No entanto, acredito que é verdade - não em termos de *possibilidade* e *capacidade*. Para mim, significa "eu sou forte" - não é possível derrotar-me e eu não sou capaz de ser derrotada. Esta crença dá-me muita força interior e a "energia" que muitos me atribuem.

Foi convidado para este livro como uma das pessoas-chave que ajudou a construir o novo conceito de formação de adultos *Learn&Lead*. Como descreveria o caminho de aprendizagem que teve de percorrer durante o desenvolvimento deste conceito?

Penso que a coisa mais importante que aprendi foi a paciência. Ainda estou a aprender... É imperativo submetermo-nos ao processo, estarmos abertos a ele, sermos adaptáveis e acreditarmos na sua eficácia de todo o coração - e confiarmos na nossa capacidade de emergirmos como um ser humano mais confiante e dinâmico no final do desafio.

O que é que Learn&Lead significa para si atualmente?

Significa muitos desafios e "impossíveis" que a Jana me propõe - a minha primeira reação é sempre de dúvida - "será que consigo fazer o que ela me pede? A minha primeira reação é sempre de dúvida - "será que consigo fazer o que ela me pede?" - e logo a seguir decido aceitar o desafio e começar a descobrir a forma de o vencer. Também significa aprender - aperceber-me do que sei e posso partilhar com os outros para os tornar melhores - pessoal e profissionalmente - e aperceber-me do que ainda não sei, do que ainda posso melhorar em mim e fazê-lo!

O que desejaria à Learn&Lead para o futuro?

Para continuar a crescer e a acrescentar valor à vida dos outros, como já acontece.

11. DANIEL BACIK

Daniel Bacik licenciou-se na Universidade de Matej Bel em Banska Bystrica, Faculdade de Humanidades, área de estudos: Língua e Literatura Inglesa - História; posteriormente, defendeu o seu doutoramento em Metodologia do Ensino de Inglês (grau: PaedDr.). Desde o início dos seus estudos universitários, trabalhou como professor de inglês em diferentes escolas em Banska Bystrica. Após a sua licenciatura, trabalhou como professor, gestor de projectos e vice-diretor na Grammar School of M. Kovac em Banska Bystrica. Em 2006, fundou a escola privada de gramática Orbis Eruditionis em Banska Bystrica. Desde 2008, é o diretor-geral da escola de línguas PLUS Academia, em Bratislava. A sua vida profissional está intimamente ligada aos fundos da UE e aos projectos por eles financiados. Estes incluem projectos Comenius 1 implementados com a escola de gramática, bem como a cooperação entre os fundos de Retorno e Fronteiras Externas e a PLUS Academia. Tem uma autoridade natural e é uma força motriz para todos os esforços da PLUS Academia. Possui grandes capacidades de gestão que permitiram à PLUS Academia tornar-se uma das maiores e mais qualificadas escolas de línguas no mercado eslovaco.

Desde que apresentei uma proposta para criar um sistema alternativo comum de formação contínua de professores e formadores de línguas estrangeiras nas nossas escolas de línguas na Associação de Escolas de Línguas da República Eslovaca (AJS SR), o Dano foi a pessoa que me apoiou. Ainda hoje o vejo a levantar a mão como o primeiro e a juntar-se à minha pequena equipa criada na altura em que a ideia do PROLANTCAP começou a assentar nos pilares do modelo Learn&Lead. Foi no outono de 2014. Durante estes anos, fiquei a conhecer o Dano como um entusiasta muito disciplinado, determinado e ávido por melhorar a qualidade da aprendizagem de línguas. Já percebi porque é que a escola dele é tão bem sucedida atualmente. O Dano sabe que precisa de reforçar e desenvolver ainda mais as capacidades dos seus formadores no presente, a fim de ser bem sucedido como um todo no futuro. Gostaria que continuássemos interligados através do nosso desejo comum de deixar uma mensagem para todos os que levam a sério a possibilidade de proporcionar uma aprendizagem de línguas de elevada qualidade no nosso país, bem como em toda a Europa.

Qual é a sua relação com Jana Chynoradska e com a Harmony Academy? Como é que a descreveria?

Conheço a Janka desde o tempo em que ela estava a trabalhar na universidade em Trnava. Vejo-a sempre como uma especialista no ensino da língua inglesa. Profissionalmente, os nossos caminhos só se cruzaram quando o Harmony se juntou à Associação de Escolas de Línguas da República Eslovaca. Os nossos objectivos e visões comuns uniram-nos e iniciámos uma cooperação mais estreita no projeto PROLANT CAP. A nossa relação transformou-se gradualmente de profissional em amigável. Vejo o Harmony da mesma forma, porque Jana = Harmony, Harmony = Jana. ©

Este livro intitula-se "EU ESCOLHO porque é a minha vida". Que escolha foi a mais difícil na tua vida até agora? Porquê?

Lamento, mas não posso responder a esta pergunta. Não me sinto confortável em partilhar a minha vida privada com o público. © As escolhas mais difíceis estão sempre relacionadas com a vida privada.

O livro é uma sequela de "I CAN because It's My Life", que se dirigia a professores e formadores, centrando-se na liberdade que têm nas salas de aula. Como é que esta mensagem se repercutiu na sua vida profissional?

Não sei como responder a esta pergunta. Acabei de ouvir/ler esta mensagem pela primeira vez.

"EU ESCOLHO porque é a minha vida" dá um sinal claro a toda a gente de que é ELE/ELA que toma decisões sobre as suas vidas. Encoraja a pessoa a tomar consciência do seu próprio poder e convida-a a tomar uma decisão para uma vida melhor e mais valiosa. Que mensagem enviaria aos leitores neste contexto?

Concordo com esta afirmação. Talvez acrescentasse mais uma coisa, nomeadamente que só temos uma oportunidade e, por isso, é necessário perceber como agarrar essa oportunidade (oportunidade = vida).

Na sua versão simplificada, *Learn&Lead* poderia ser designado como aprendizagem e desenvolvimento ao longo da vida. Que papel desempenha a

aprendizagem ao longo da vida na sua vida?

É uma parte integrante da minha vida. Todos os dias aprendo algo novo. Quer seja de forma direccionada ou aleatória. A educação/conhecimento é algo que ninguém nos pode tirar.

O que é que teve de passar até perceber que tem a sua vida nas suas próprias mãos? Que fracassos ou vitórias foram os mais decisivos na sua vida?

Penso que já me tinha apercebido deste facto na minha infância. A família, a escola, os amigos e tudo o que me rodeia teve um impacto em quem eu sou. Mas sempre tive consciência de que era a única pessoa que podia realmente influenciar a minha vida.

Sinceramente, considero toda a minha vida como uma grande vitória (estou a falar a sério até agora). Houve dificuldades, mas não radicais.

Quem está ao seu lado quando tem de fazer uma escolha? Porque é que essa pessoa é importante na sua vida?

Na vida privada - a minha mulher, a minha filha e a minha família. Na vida profissional - os meus colegas, porque tal como eu estou aqui para eles, eles estão aqui para mim. Podemos contar uns com os outros.

Tem o seu ritual, sinal/indicação ou outros ajudantes que o orientam no seu processo de escolha?

Não.

Foi convidado para este livro como uma das pessoas-chave que ajudou a construir o novo conceito de formação de adultos *Learn&Lead*. Como descreveria o caminho de aprendizagem que teve de percorrer durante o desenvolvimento deste conceito?

Como já referi anteriormente, todos os dias aprendo algo de novo. Cada dia é dedicado a um conceito partilhado, o que confirma que tomei uma boa decisão. O facto de sabermos que fazemos coisas na vida de que gostamos e que também fazem parte do nosso trabalho é lindo. Estou grato por isso.

O que é que Learn&Lead significa para si atualmente?

Uma designação clara do que é necessário fazer no domínio da educação (não apenas no ensino das línguas) na Eslováquia e mesmo em toda a Europa. Além disso, é uma ferramenta para esta mudança.

O que desejaria à Learn&Lead para o futuro?

Muitas pessoas certas! O que importa são sempre as pessoas.

12. ZUZANA SILNA

Zuzana Silna tem um mestrado em comércio internacional e um doutoramento em economia mundial. Durante sete anos, leccionou sobre temas relacionados com o comércio internacional e a integração europeia na Faculdade de Comércio da Universidade de Economia de Bratislava. Atualmente, trabalha em política de comércio externo no Ministério da Economia da República Eslovaca e, durante a presidência eslovaca, presidiu a um grupo de trabalho do Conselho da União Europeia. As línguas estrangeiras são a sua paixão. Fala inglês e alemão. Atualmente, está a aprender croata, italiano e francês.

Desde 2001 até à atualidade, Zuzka é um dos clientes da nossa escola. A nossa história comum mostra claramente como a Harmony Academy conseguiu crescer e satisfazer as necessidades dos seus clientes "em crescimento" nos últimos anos. Zuzka veio ter connosco na altura em que precisava de melhorar o seu inglês para fins académicos. Mais tarde, foi uma das primeiras clientes a interessar-se pelos programas profissionais que tratam dos temas "liderança de equipas" e "desenvolvimento pessoal" e é agora oficialmente a primeira aluna da Learn&Lead, nomeadamente a aluna do programa "Learn&Lead Individual". Zuzka tem o encanto de uma personalidade sábia, esclarecida, inteligente, humilde e forte nas suas convicções. Pessoalmente, estou encantada com o facto de, nas nossas sessões, ela se abrir a questões que ressoaram dentro dela durante muito tempo e que estavam protegidas numa área segura do seu mundo interior. No entanto, à semelhança da vida de qualquer um de nós, ela também chegou a um ponto da sua vida em que é necessário dar um passo em frente e recolher as fontes interiores que nos ajudarão a enfrentar quaisquer possíveis obstáculos nesta nova jornada da vida. Zuzka vê-se confrontada com um futuro em que poderá influenciar a configuração do seu ambiente de trabalho. 1 Desejo que ela continue a seguir o seu coração sábio. Ele orientá-la-á para as pessoas, oportunidades e situações que fazem parte da sua vida e que a conduzirão à conquista da alegria e da felicidade.

Qual é a sua relação com Jana Chynoradska e com a Harmony Academy? Como é que a descreveria?

Conheço o Harmonia desde o seu início. Frequentei a escola de verão, que foi organizada após o primeiro ano da sua existência. O Harmony é a escola de línguas em que confio. Quer precisasse de melhorar o meu inglês ou de me preparar para o papel de presidente de um grupo de trabalho, no Harmony encontrei sempre o que procurava. Conheci o professor Christian Scott, que me ajudou a preparar para a presidência, não só em termos de língua, mas também em termos de auto-confiança.

Para mim, a Janka não é apenas uma excelente professora, mas também uma excelente companheira. Estou grata por ela ter partilhado comigo a sua experiência adquirida durante os anos de gestão do Harmony e dos seus colaboradores no âmbito do programa Learn&Lead.

Harmony é um espaço seguro onde posso crescer tanto a nível profissional como pessoal.

Este livro intitula-se "EU ESCOLHO porque é a minha vida". Que escolha foi a mais difícil na tua vida até agora? Porquê?

Tive a sorte de não ter de tomar decisões verdadeiramente cruciais. No entanto, foi muito difícil para mim deixar a universidade. Gostava de trabalhar como professor universitário. No entanto, senti que na universidade já não havia espaço para continuar a crescer.

O livro é uma sequela de "I CAN because It's My Life", que se dirigia a professores e formadores, centrando-se na liberdade que têm nas salas de aula. Como é que esta mensagem se repercutiu na sua vida profissional?

Confesso que ainda não li o livro "I Can because It's My Life" (ainda). No entanto, Janka apresentou-me um texto que parece ser de Charlie Chaplin. Diz: "Quando comecei a amar-me a mim próprio, compreendi que, em qualquer circunstância, estou no lugar certo à hora certa e tudo acontece no momento exato. Por isso, podia estar calmo. Hoje chamo-lhe AUTO-CONFIANÇA". Eu reformularia a frase da seguinte forma: "Posso porque é a minha vida, porque em qualquer circunstância, estou no sítio certo à hora certa, e tudo acontece no momento exato. Por isso, posso estar calmo".

"EU ESCOLHO porque é a minha vida" dá um sinal claro a toda a gente de que é ELE/ELA que toma uma decisão sobre a sua vida. Encoraja uma pessoa a tomar consciência do seu próprio poder e convida-a a tomar uma decisão para uma vida melhor e mais valiosa. Que mensagem enviaria aos leitores neste contexto?

Seguir o lema "Eu escolho porque é a minha vida" traz uma grande sensação de liberdade - liberdade do medo, das opiniões e expectativas da sociedade. Por outro lado, não é um caminho fácil. A nossa sociedade ainda não está preparada para pessoas criativas, independentes, proactivas e livres. Poderá deparar-se com oposição e incompreensão. Mas a sensação de liberdade e a paz interior valem a pena.

Na sua versão simplificada, *Learn&Lead* poderia ser designado como aprendizagem e desenvolvimento ao longo da vida. Que papel desempenha a aprendizagem ao longo da vida na sua vida?

A aprendizagem é muito importante na minha vida. Acredito que uma pessoa deve dar o seu melhor para se tornar a melhor versão de si própria. E isso não significa apenas tornar-se um grande especialista ou aprender mais línguas, mas sobretudo tornar-se uma pessoa melhor - aprender sobre si próprio, aprender a amar-se a si próprio e aos outros.

O que é que teve de passar até perceber que tem a sua vida nas suas próprias mãos? Que fracassos ou vitórias foram os mais decisivos na sua vida?

No meu caso, seria uma experiência relativamente nova. A Presidência eslovaca do Conselho da UE foi o maior desafio que alguma vez enfrentei. Levei a preparação muito a sério - foi assim que conheci o Christian e, mais tarde, comecei a trabalhar com a Janka no âmbito do programa Learn&Lead. Na qualidade de presidente de um grupo de trabalho, era responsável, em última análise, pela obtenção de resultados no meu grupo de trabalho. Tinha medo de não ser suficientemente boa para este papel. Acabámos por alcançar resultados como nenhuma outra presidência em muito tempo. Esta experiência ajudou-me a perceber que sou perfeitamente capaz de fazer grandes coisas e que não preciso de ter medo.

Quem está ao seu lado quando tem de fazer uma escolha? Porque é que essa pessoa é importante na sua vida?

É, naturalmente, a minha família em primeiro lugar. No entanto, há muitas situações em que prefiro falar com dois amigos próximos. Passamos por problemas semelhantes, procuramos respostas para perguntas semelhantes. E, por vezes, podem ser pessoas que não conheço muito bem. Basta ouvir, passar o dia com os olhos e os ouvidos abertos e os bons conselhos chegarão até eles.

Tem o seu ritual, sinal/indicação ou outros ajudantes que o orientam no seu processo de escolha?

Apercebi-me de que sou frequentemente dominado por sentimentos quando tomo decisões importantes. Por isso, esforço-me por não tomar decisões de imediato. Levo o tempo necessário para deixar a decisão amadurecer. Nunca faço uma lista de prós e contras. Tomo decisões racionais. Ao mesmo tempo, ouço o meu coração. Escolho uma solução que possa interiorizar.

Foi convidado para este livro como uma das pessoas-chave que ajudou a construir o novo conceito de formação de adultos _Learn&Lead_. Como descreveria o caminho de aprendizagem que teve de percorrer durante o desenvolvimento deste conceito?

Creio que sou o primeiro aluno de Learn&Lead. Não tenho a certeza se contribuí de alguma forma para o desenvolvimento do programa Learn&Lead. De qualquer forma, percorri um caminho, no qual aprendi a aceitar-me a mim próprio e aos outros. Já não os vejo como obstáculos no caminho para um objetivo. Mas sim como uma fonte de inspiração, apoio e ajuda. Acredito que a auto-aceitação é o fator chave. Uma pessoa que se aceita a si própria liberta-se do medo de não ser suficientemente boa para enfrentar os vários desafios da sua vida. Ao mesmo tempo, consegue controlar o seu ego para resolver problemas e liderar as pessoas de uma forma construtiva e compreensiva.

O que é que Learn&Lead significa para si atualmente?

Durante as aulas com a Janka, aprendi muito - sobre mim própria, sobre liderança. O que mais aprecio é o facto de as nossas reuniões proporcionarem um espaço seguro onde posso falar abertamente sobre as coisas pesadas que tenho em mente relativamente à minha vida profissional e privada.

O que desejaria à Learn&Lead para o futuro?

Desejo que o programa Harmony seja conhecido por muitas pessoas. Tenho a certeza de que há muitos profissionais que querem fazer as coisas de forma diferente, que querem criar um ambiente de trabalho interessante, motivador e seguro para os seus empregados ou colegas. Desejo que o Harmony tenha a oportunidade de mudar a vida de muitas mais pessoas.

13. A ESTRUTURA FUNCIONAL DE GESTÃO ESCOLAR LEARN&LEAD

Esta nova estrutura de gestão foi desenvolvida por Jana Chynoradska e pela sua equipa na HARMONY ACADEMY (uma escola de línguas) juntamente com os projectos educativos Learn&Lead co-financiados pela Associação Académica Eslovaca para a Cooperação Internacional (SAAIC) na Eslováquia entre 2010 e 2017.

Dá resposta às seguintes questões:
Como podemos ultrapassar uma crise na nossa escola/empresa?
Como é que podemos impedir uma diminuição do desempenho da nossa escola/empresa?
Como é que podemos melhorar a qualidade e aumentar o desempenho ao mesmo tempo?
Como é que podemos convencer os nossos clientes de que valemos mais dinheiro?
Onde podemos encontrar dinheiro/financiamentos para a formação profissional contínua do nosso pessoal?
Como podemos manter a nossa escola de línguas no mundo atual, em rápido crescimento e mudança?

O discurso de boas-vindas de Jana
Tenho o prazer de vos dar as boas-vindas ao mundo LEARN&LEAD onde tudo é POSSÍVEL. Por mais difícil que possa parecer no início, se fizer sentido para si, então faz sentido como tal. Imagina um mundo onde podes ser quem realmente és, onde podes fazer o que te faz realmente feliz.

É claro que leva tempo e é preciso ultrapassar muitos obstáculos no caminho, mas quando se sabe o PORQUÊ e se consegue estabelecer uma ligação, primeiro consigo próprio e depois com os outros, cria-se o COMO e, consequentemente, produz-se o QUÊ.

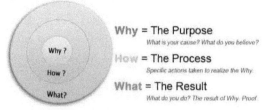

Simon Sinek, O Círculo Dourado

A sua viagem está, por conseguinte, destinada a ser valiosa, agradável, contributiva e, eventualmente, bem sucedida.

Boa sorte para todos nós!
Jana Chynoradska
Antecedentes:

O QUE é que tínhamos de fazer? COMO era a situação na nossa escola de línguas?

Parar a tendência decrescente do "desempenho" da escola e encontrar uma nova direção para a escola, a fim de manter a sua atividade no futuro.

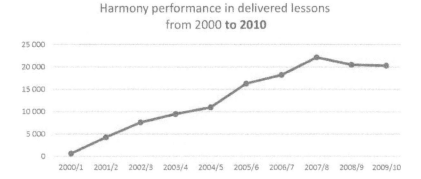

COMO é que conseguimos desenvolvê-lo?

Em parcerias de aprendizagem com escolas de línguas e organizações de formação provenientes dos países da União Europeia. Recebemos apoio dos programas Grundtvig e Erasmus + fundos e das agências nacionais estabelecidas nesses países. Em 2010, demos início ao primeiro projeto Learn&Lead, no qual estabelecemos os seguintes objectivos

- identificar as nossas necessidades e os nossos líderes;
- desenvolver novos programas de formação e um novo modelo de organização de ensino e aprendizagem.

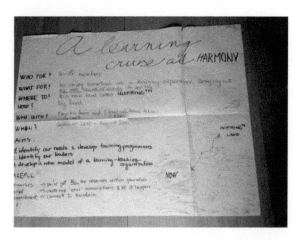

Um desenho que fiz em julho de 2010, durante o curso de formação "Leadership for Teachers", dirigido por Adrian Underhill, em Pilgrims, Canterbury, no Reino Unido.

Porque é que nos submetemos a este processo?

Porque a minha responsabilidade como Diretor Geral era *encontrar um futuro para a minha escola/os meus professores/formadores.* Foi isto que me "disseram" durante a formação conduzida por outro formador da Pilgrims, Kevin Batchelor, em agosto de 2010, quando todos partimos para a viagem de aventura.

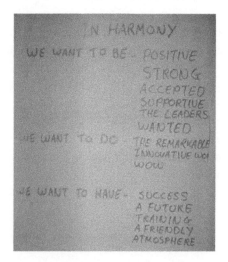

Um cartaz elaborado pelos formadores do Harmony na formação dos Peregrinos dirigida por Kevin Batchelor no Harmony, na Eslováquia, em agosto de 2010.

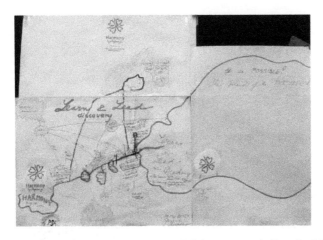

Esta imagem é a descrição da viagem que iniciámos em julho de 2010. Fiz este desenho em maio de 2015 e percebi a "posição atual" de onde estávamos nessa altura.

Descrição da estrutura funcional de gestão escolar Learn&Lead (LaL SMS)

A Estrutura Funcional de Gestão Escolar Learn&Lead (LaL SMS) enquadra-se perfeitamente no Quadro de Desenvolvimento do PROLANTCAP e facilita a sua implementação. Esta estrutura baseia-se na Carreira de Formador Learn&Lead, que não só oferece aos professores e formadores uma carreira de formação profissional, como também os convida a fazer parte da direção da escola.

			learning
			learning while training
			training
			networking
			managing

Programme offer	Pricing level	Course management	Division of activities per month in %
Leadership & Management Development	Level 3	Trainer	10 / 30 / 30 / 20 / 10
		Leader	10 / 30 / 10 / 30 / 20
		Developer	10 / 30 / 20 / 40
Language & Communication Development	Level 1	Trainer	10 / 10 / 70 / 10
		Leader	10 / 10 / 40 / 20 / 20
		Developer	10 / 10 / 20 / 20 / 40
Sector Specialization Development	Level 2	Trainer	10 / 20 / 40 / 20 / 10
		Leader	10 / 20 / 30 / 20 / 20
		Developer	10 / 20 / 10 / 20 / 40

O percurso profissional do formador da Learn&Lead

À medida que uma escola de línguas cresce e se desenvolve, o mesmo acontece com os seus formadores. Naturalmente, escolhemos um deles para se tornar o nosso Diretor de Estudos, que gere simultaneamente os cursos e os formadores. Muitas vezes, estes Directores de Estudos perdem o seu tempo de ensino/formação e ficam "presos" na administração e organização da sua escola. Muitas vezes, decidem desistir e regressar ao ensino, acreditando que falharam.

Se aplicar o LaL SMS à sua escola desde o início e/ou em qualquer altura durante a sua vida escolar, abre novos postos de trabalho e distribui a administração e a responsabilidade, juntamente com a liberdade gerida, por todo o seu pessoal. A posição correspondente de DoS no LaL SMS é a posição de Líder (um formador académico) que forma/ensina 40% do tempo (numa semana), trabalha em rede (através de eventos sociais, redes sociais, mentoria/treino de colegas mais jovens) 20% e gere o aspeto académico dos cursos delegados (monitorização da qualidade através da observação de aulas, relatórios da sala de aula, mentores e/ou treinadores, colegas-formadores que ensinam/formam nos seus cursos delegados).

Devido a esta variedade de trabalho que exige a integração de outras competências, um Leader distingue-se dos formadores e começa a especializar-se na 1. formação de

professores,
2. automóvel, 3. desenvolvimento do turismo, etc.

O LaL SMS ajuda a sua escola a "criar" os seus próprios líderes, que ajudam a sua escola a estabelecer o 2º nível de serviços que oferece aos clientes com valor acrescentado. Isto está intimamente ligado à sua "segunda qualificação" que acompanha a sua experiência adquirida no sector escolhido e a frequência de programas de formação especificamente escolhidos e estruturados.

A principal vantagem do LaL SMS é que os seus formadores (professores) beneficiam de uma carreira que pode ser desenvolvida desde o Nível de Formador 1 (um replicador competente), passando pelo Nível de Formador 2 (um praticante consciente) - formador PROLANTCAP, até ao Nível de Formador 3 (um facilitador especializado).

Convida também os formadores a crescer em termos de gestão, ou seja, a tornarem-se simultaneamente Líderes (DoSs) e Desenvolvedores (gestores criativos).

Esta estrutura flexível permite muitas interconexões entre o seu pessoal e abre as mentes dos formadores para pensarem como uma equipa e não como um indivíduo que faz o seu próprio trabalho na sala de aula.

A primeira escola que utiliza o LaL SMS dá cerca de 1100 aulas (45 min.) por mês e emprega 30 formadores, 7 líderes e 2 gestores para este volume de trabalho. Cada um trabalha de acordo com as suas próprias escolhas em termos de volume de trabalho. Os líderes e os promotores são pagos de acordo com o desempenho registado na combinação da formação e da gestão, enquanto os formadores são pagos apenas pelo desempenho da formação. A aprendizagem e o trabalho em rede constituem uma parte natural do seu trabalho para a escola e uma combinação de trabalho remunerado por projeto e/ou trabalho voluntário (desenvolvimento de redes sociais, festa de Natal, etc.).

Resumo:

A Learn & Lead foi criada em 2010 por Jana Chynoradska, a fundadora e principal personalidade da Harmony Academy na Eslováquia. Por favor, veja **a viagem de descoberta da Learn&Lead** aqui. **A viagem** leva-o de volta a 2010, quando Jana Chynoradska e a sua equipa de professores entusiastas da escola de línguas Harmony Academy partiram para uma viagem em direção à "Terra Inspiradora de Professores e Gestores". Atualmente, é conhecida como "The Learn&Lead Discovery" e pode saber mais sobre ela em www.learnandlead.eu .

Learn and Lead fornece às escolas as ferramentas e o know-how para permitir que todo o seu pessoal - formadores e gestores - seja o melhor possível, se desenvolva constantemente e aceite a transformação.

A missão do Learn and Lead consiste em criar ambientes de aprendizagem inspiradores, melhorando o desempenho dos indivíduos e das organizações, nomeadamente nos domínios do desenvolvimento estratégico, da gestão organizacional, da liderança e da qualidade da oferta de aprendizagem, da internacionalização, da igualdade e da inclusão.

Esta é a imagem que demonstra o percurso do pessoal da Harmony na descoberta do potencial da Learn&Lead. À medida que avançavam, foram-se ligando a outras escolas de línguas, organizações parceiras e cada passo em frente foi monitorizado pelo SAAIC. Atualmente, a estratégia Learn&Lead e os seus produtos constituem a base do Quadro de Desenvolvimento de Formadores do PROLANTCAP.

- Concebemos e ministramos programas para formadores, professores e gestores em parceria com a Associação Eslovaca de Escolas de Línguas e outros parceiros especializados do estrangeiro. Atualmente, **a Learn&Lead representa uma estrutura de gestão escolar funcional** e convida as escolas de línguas a ligarem-se para crescerem e desenvolverem serviços de formação linguística melhores e mais valiosos em toda a Europa;
- **Desenvolvemos** e implementamos inovações na formação linguística em parceria com a Associação Eslovaca de Escolas de Línguas e outros parceiros especializados do estrangeiro;
- **Procuramos** talentos nas fileiras dos professores, formadores, gestores e outros membros do público e desenvolvemos o seu potencial para melhorar a educação na Eslováquia e no estrangeiro;

- **Estamos a mudar** a estrutura tradicional do sistema educativo moderno, na convicção de que o crescimento e o desenvolvimento dinâmicos e saudáveis de qualquer organização só podem ser alcançados através de uma aprendizagem constante e mútua;

- **Implementamos** projectos de desenvolvimento pessoal e profissional de professores, formadores e gestores modernos;
- **Trazemos** as informações mais recentes sobre os desenvolvimentos e as tendências emergentes na aprendizagem de línguas (e não só), a fim de encontrar as oportunidades mais eficazes para o crescimento pessoal e profissional;
- **Oferecemos** workshops, conferências e fóruns abertos, coaching individual e em grupo, programas acreditados de formação contínua e consultoria especializada, relacionada com projectos, financeira e empresarial.

Partilhamos a nossa paixão, os conhecimentos adquiridos, a experiência prática e os resultados do trabalho criativo com parceiros, profissionais e o público.

Aqui pode encontrar as nossas respostas às perguntas para as quais precisávamos de encontrar respostas:

Como podemos ultrapassar uma crise na nossa escola/empresa?

Aceite as crises como uma oportunidade para aprender e tornar-se mais profissional, original. Revisite todos os cantos da sua empresa e fale com todas as pessoas que escolher para fazer parte do futuro da sua empresa. Certifique-se de que apresenta uma visão que os seus colaboradores aceitam... idealmente, crie-a com eles e deixe-os assumir a responsabilidade pela tomada de decisões. Esteja pronto a correr riscos e aprenda a delegar tarefas corretamente (pessoas, tempo, dinheiro).

Como podemos travar a diminuição do desempenho da nossa escola/empresa?

Através do desenvolvimento de novos programas e da alteração da estrutura de gestão, que está totalmente interligada com o percurso profissional dos formadores.

Como é que podemos melhorar a qualidade e aumentar o desempenho ao mesmo tempo?

Introduzindo os cargos de líder e de criadores (gestores criativos) na estrutura de gestão do curso.

Como é que podemos convencer os nossos clientes de que valemos mais dinheiro?

Faça do marketing parte da sua rotina diária no trabalho. Comunique com os seus clientes e ouça as suas necessidades. Certifique-se de que torna públicos os seus testemunhos, que constituem o melhor anúncio de sempre. Seja paciente e cumpra o que diz.

Onde podemos encontrar dinheiro/financiamentos para a formação profissional contínua do nosso pessoal?

Existem fundos públicos disponíveis (ERASMUS+, Vysehradsky fond, etc.) e os seus fundos privados. No LaL SMS, temos uma política clara de financiamento individual baseada numa aula leccionada (45 min.). Cada formador cria o seu próprio financiamento para a formação contínua, fornecendo o número solicitado de aulas no volume e qualidade desejados.

Como podemos manter a nossa escola de línguas no mundo atual, em rápido crescimento e mudança?

Por

- tornar-se uma organização de ensino-aprendizagem,
- apoiar a filosofia da aprendizagem ao longo da vida,
- cuidar do vosso povo,
- satisfazer as suas necessidades que estão interligadas com as necessidades da sua organização.

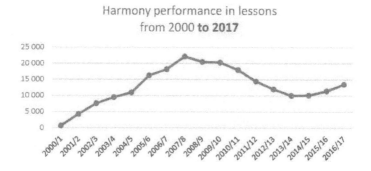

VISÃO GERAL DOS PROJECTOS LEARN&LEAD

Projeto introdutório

Título do projeto: Plano Inovador de Desenvolvimento dos Empregados 2009 - 2010

Número do projeto: **27110230081**

Financiado por: Ministério do Trabalho, dos Assuntos Sociais e da Família da República Eslovaca

Parceiros do projeto: The Language School Company Limited, com o nome comercial Pilgrims, Reino Unido

Coordenador: HARMONY ACADEMY s.r.o., Eslováquia

Resultados do projeto: 22 professores e formadores formados, 2 gestores e outro pessoal formados Estabelecimento de uma estratégia para desenvolver formadores, gestores e outro pessoal (a base para os projectos Learn&Lead)

PROJECTO N.º 1

Título do projeto: Aprender e Liderar 2010 - 2012

Número do projeto: **104110496**

Financiado por: Associação Académica Eslovaca para a Cooperação Internacional (SAAIC)

Programa: Grundtvig

Parceiros do projeto: The Language School Company Limited trading as Pilgrims, Reino Unido, Globe Language Solutions, França

Coordenador: HARMONY ACADEMY s.r.o., Eslováquia

Parceiros do projeto: Pilgrims/ Reino Unido, GLS/França

| **Resultados do projeto:** | Criação de três Centros de Inovação para Professores, Formadores e Gestores nas organizações dos parceiros do projeto |

Criação de módulos inovadores para professores, formadores e gestores escolares: Criatividade na Liderança; Abordagem Centrada no Aluno; Inteligências Múltiplas; Aplicação de CLIL no Ensino e Formação de Línguas Estrangeiras; Lidar com a Mudança; Técnicas de Improvisação Linguística; Professores como Líderes

PROJECTO N.º 2

Título do projeto: Aprender e Liderar para os Pais, 2013-2015

Número do projeto: **134110865**

Financiado por:

Associação Académica Eslovaca para a Cooperação Internacional (SAAIC) Grundtvig

Programa: Grundtvig

Parceiros do projeto:

Centre des Nouvelles Techniques de Communication, Pau, França, Republikove centrum vzdelavani, s.r.o., Praga, República Checa

Coordenador: HARMONY ACADEMY s.r.o., Eslováquia

Resultados do projeto: Criação de um curso europeu inovador para pais "Parent as a leader". É composto por três cursos independentes que fazem parte do portefólio do programa Learn&Lead: Conhecer-me, conhecer o meu filho; Moldar as nossas vidas; Viver em família

PROJECTO N.º 3

Título do projeto: Be Lifelong Learning (Be lll)2014-2016

Número do projeto: **2014-1-SK01-KA104-000115**

Financiado por:	Associação Académica Eslovaca para a Cooperação Internacional (SAAIC)

Programa:	Erasmus+, KA1
Parceiros do projeto:	The Language School Company Limited trading as Pilgrims, Reino Unido, Anglolang Academy of English, Reino Unido, Regent Oxford, Reino Unido

Coordenador:	HARMONY ACADEMY s.r.o., Eslováquia
Resultados do projeto:	16 formadores e gestores profissionais de ELT formados, The Learn&Lead Career Path of a Trainer

PROJECTO N.º. 4
Título do projeto:	Desenvolvimento da estrutura funcional de gestão das escolas, 2014-2016

Financiado por:	HARMONY ACADEMY s.r.o.
Parceiros do projeto:	Pilgrims/Reino Unido, Regent Oxford/Reino Unido, Anglolang Academy/Reino Unido
Coordenador:	HARMONY ACADEMY s.r.o., Eslováquia
Resultados do projeto:	A estrutura funcional de gestão escolar Learn&Lead

PROJECTO N.º. 5
Título do projeto:	Aprender, Formar e Trabalhar para Melhores Perspectivas e Empregabilidade, 2015-2017
Acrónimo:	PROLANT-CAP
Número do projeto:	**2015-1-SK01-KA202-008883**
Período do projeto:	setembro de 2015 - agosto de 2017
Financiado por:	
	Associação Académica Eslovaca para a Cooperação Internacional (SAAIC)

Programa:	Erasmus+, KA2
Sítio Web:	www.prolantcap.eu

Parceiros do projeto:

Angolang Academy, Reino **Unido,** am Language Studio, **Malta,** Euroform RFS, **Itália,** Biedriba Eurofortis, **Letónia,** Centre des Nouvelles Techniques de Communication, **França**

Coordenador:	Associação das Escolas de Línguas da Eslováquia, **Eslováquia**

Resultados do projeto:

Criação de uma carreira estruturada para formadores de línguas estrangeiras (Quadro de Desenvolvimento de Formadores PROLANTCAP) que não trabalham num ambiente educativo tradicional; desenvolvimento de dois sectores - programas de formação linguística específicos (um para o desenvolvimento do turismo e outro para a indústria automóvel) utilizando a metodologia CLIL

EPÍLOGO

Hoje sei que se deve dar mais atenção às pessoas em casa, na escola, numa empresa, num escritório ou numa rua. É necessário ouvir as pessoas e deixá-las tomar decisões que se baseiam nas suas próprias crenças e opiniões. Estas são formadas na nossa infância e a maior parte delas são submetidas a diferentes testes ao longo da nossa vida. As pessoas no trabalho precisam de saber mais sobre a empresa em que trabalham, sobre a sua visão, cultura, missão e objetivo. As pessoas no trabalho precisam de sentir que os seus gestores/executivos se preocupam com elas. Precisam de saber e sentir que o seu trabalho é valorizado e que a sua presença é palpável. Precisam de ter um espaço seguro para se auto-realizarem, o que implica uma motivação intrínseca para o seu desempenho profissional. Se confiarem nas pessoas que os lideram no trabalho, deixam-se influenciar naturalmente pelo ambiente de trabalho, graças ao qual podem desenvolver-se e crescer continuamente, primeiro para seu próprio benefício e depois também para o benefício da empresa que lhes dá trabalho.

Hoje em dia, as pessoas interessam-se naturalmente pelo que se passa à sua volta e não se deixam enganar facilmente. As pessoas sabem que as suas vidas estão nas suas mãos. Sabem que as suas vidas são os dons mais preciosos que possuem, por isso querem lidar com elas da melhor forma possível. São os criadores das coisas em que se concentram e que são trazidas para a vida pelas suas próprias decisões. Se realmente se preocupam com a dádiva que lhes foi dada à nascença, têm naturalmente fome de novos conhecimentos, de aprendizagem ao longo da vida e de se fazerem avançar a si próprios e às coisas que os rodeiam.

Permitir que as pessoas cresçam é a tarefa de cada gestor que atualmente dirige uma turma, uma escola, uma empresa ou qualquer comunidade de pessoas.

Deixemos que as pessoas cresçam e sejam autênticas. Permitamo-nos ser os autênticos portadores de valores que, graças a nós, constituem a base da sociedade em que vivemos. Deixemo-nos criar e apresentar soluções originais para o mundo!

Conseguimos resolver a crise na Harmony Academy criando o modelo original de gestão funcional ligado a um percurso de desenvolvimento profissional de um formador Learn&Lead, que são agora a base de um percurso de desenvolvimento profissional de um formador PROLANTCAP. Conseguimos ultrapassar as barreiras inultrapassáveis e construir as bases do impossível. Temos uma razão para continuar a viver, a trabalhar e a contribuir para o desenvolvimento da sociedade de que fazemos parte. Hoje, com toda a seriedade, escolho *Aprender e Liderar*. Escolho porque é a minha vida e porque a minha decisão é o caminho para a sociedade pela qual sou responsável.

Boa sorte para todos nós!

Jana Chynoradska

Milton Keynes UK
Ingram Content Group UK Ltd.
UKHW010852280324
440101UK00001B/211